科学万象城
— 系列 —
Science
Wonderland

魏星——编著

# 大地的表情

中国出版集团　现代出版社

**触摸大地**　　6

　　土地的特性　　10

　　土地的分类　　12

　　土地的意义　　14

**解析土壤**　　22

　　细说土壤成分　　24

　　土壤分层　　28

　　土壤的结构　　34

　　土壤与施肥　　36

　　土壤的种类　　38

# 目录

作物的土壤营养环境　39

土壤的生态意义　40

世界土壤类型　42

中国主要土壤类型　45

**多彩神州**　52

红土地　52

黄土地　56

黑土地　61

**沙漠探秘**　64

沙漠化　66

沙漠的气候　68

沙漠分类　69

沙漠的特点　　74

世界十大沙漠　　78

中国最美的沙漠　　90

## 地球之肾——湿地　94

湿地　95

湿地的功能　96

湿地的人为破坏　104

草地概述　106

## 悠悠绿洲　106

林地概述　111

**土壤污染**　112

　　我国土壤污染的现状　115

　　土壤污染的危害　116

　　土壤污染的特点　118

　　土壤污染物　119

**保护土地，人类共同的行动**　120

　　我国的"土地日"　121

　　美国："黑风暴"之后的反思　121

　　德国：严格土地复垦质量标准　124

　　以色列：住宅开发尽量不占耕地　126

　　新加坡：用地计划一年一审　127

目　录

# ● 触摸大地

英国古典政治经济学创始人威廉·配第在历史上第一次提到：土地是财富之母。没有土地，农民就要失业，工厂无处开工，军队无处训练，人民无处安身。中国两千多年的历史中发生过多次农民起义，大多与土地问题有关。毛泽东领导的第一次国内革命战争也是要解决土地问题，因此叫土地革命战争，新中国成立后首先解决的还是农民的土地问题。再看看世界上发生的大大小小的战争，几乎也都是因为领土引发的。土地的价值当然还远不止如此，下面就让我们一起来触摸大地吧！

土地是地球表层的陆地部分及其以上、以下一定幅度空间范围内的全部环境要素，以及人类社会生产生活活动作用于空间的某些结果所组成的自然—经济综合体。

土地有狭义和广义之分。狭义的土地，仅指陆地部分。较有代表性的是土地规划和自然地理学家的观点。土地规划学者认为："土地是指地球陆地表层，它是自然历史的产物，是由土壤、植被、地表水以及表层的岩石和地下水等诸多要素组成的自然综合体……"自然地理学者认为："土地是地理环境

（主要是陆地环境）中互相联系的各自然地理成分所组成，包括人类活动影响在内的自然地域综合体。"广义的土地，不仅包括陆地部分，而且还包括光、热、空气、海洋……较有代表性的是经济学家的观点。英国经济学家马歇尔指出："土地是指大自然为了帮助人类，在陆地、海上、空气、光和热各方面所赠予的物质和力量。"美国经济学者伊利认为："土地这个词，它的意义不仅指土地的表面，因为它还包括地面上下的东西。"

由于土地概念涉及并影响世界各国，所以联合国也先后对土地作过定义。1972年，联合国粮农组织在荷兰瓦格宁根召开的农村土地评价专家会议对土地下了这样的定义："土地包含地球特定地域表面及以上和以下的大气、土壤及基础地质、水文和植被。它还包含这一地域范围内过去和目前人类活动的种种结果，以及动物就它们对目前和未来人类利用土地所施加的重要影响。"1975年，联合国发表的《土地评价纲要》对土地的定义是："一片土地的地理学定义是指地球表面的一个特定地区，其特性包含着此地面以上和以下垂直的生物圈中一切比较稳定或周期循环的要素，如大气、土壤、水文、动植物密度，人类过去和现在活动及相互作用的结果，对人类和将来的土地利用都会产生深远影响。"

> ## 土地和土壤

　　土地和土壤是两个不同的概念。土地包含地球特定地域表面及其以上和以下的大气、土壤与基础地质、水文与植物，还包含这一地域范围内过去和现在人类活动的种种结果，以及动物就人类目前和未来利用土地所施加的重要影响。中国地理学家普遍赞成土地是一个综合的自然地理概念，认为土地"是地表某一地段包括地质、地貌、气候、水文、土壤、植被等多种自然要素在内的自然综合体"。土壤则是土地重要的组成部分，土地包含土壤。

## 土地的特性 〉

土地的特性包括自然特性和经济特性。土地的自然特性是指不以人的意志为转移的自然属性；土地的经济特性则指人们在利用土地的过程中，在生产力和生产关系方面表现的特性。

### ⊠ 土地的自然特性

土地的自然特性包括：土地面积的有限性、土地位置的固定性、土地质量的差异性（多样性）、土地永续利用的相对性（土地功能的永久性）等。

土地面积的有限性。土地是自然的产物，人类不能创造土地。广义土地的总面积，在地球形成后，就由地球表面积所决定。人类虽然能移山填海，扩展陆地，或围湖造田，增加耕地，但这仅仅是土地用途的转换，并没有增加土地面积。

土地位置的固定性。土地最大的自然特性是地理位置的固定性，

即土地位置不能互换，不能搬动。人们通常可以搬运一切物品，房屋及其他建筑物虽然移动困难，但可拆迁重建。只有土地固定在地壳上，占有一定的空间位置，无法搬动。这一特性决定了土地的有用性和适用性随着土地位置的不同而有着较大的变化，这就要求人们必须因地制宜地利用土地，同时，这一特性也决定了土地市场是一种不完全的市场，即不是实物交易意义上的市场，而只是土地产权流动的市场。

土地质量的差异性（多样性）。不同地域，由于地理位置及社会经济条件的差异，不仅使土地构成的诸要素（如土壤、气候、水文、地貌、植被、岩石）

的自然性状不同，而且对人类活动的影响也不同，从而使土地的结构和功能各异，最终表现在土地质量的差异上。

土地永续利用的相对性（土地功能的永久性）。土地作为一种生产要素，只要处理得当，土地就会不断改良。在合理使用和保护的条件下，农用土地的肥力可以不断提高，非农用土地可以反复利用，永无尽期。土地的这一自然特性，为人类合理利用和保护土地提出了客观的要求与可能。土地是一种非消耗性资源，它不会随着人们的使用而消失，相对于消耗性资源而言，土地资源在利用上具有永续性。土地利用的永续性具有两层含义：第一，作为自然的产物，它与地球共存亡，具有永不消失性；第二，作为人类的活动场所和生产资料，可以永续利用。其他生产资料或物品，在生产过程或使用过程中，会转变成另一种资料、物品，或逐渐陈旧、磨损，失去使用价值而报废。土地则不然，只要人们在使用或利用过程中注意保护它，是可以年复一年地永远

11

使用下去的。但是，土地的这种永续利用性是相对的。只有在利用过程中维持了土地的功能，才能实现永续利用。

### ⊠ 土地的经济特性

土地的经济特征包括：土地供给的稀缺性、土地用途的多样性、土地利用方向变更的困难性（土地用途变更的困难性）、土地增值性、土地报酬递减的可能性、土地利用方式的相对分散性、土地利用后果的社会性。

### 土地的分类 ›

土地分类是根据土地的性状、地域和用途等方面存在的差异性，按照一定的规律，将土地归并成若干个不同的类别。

按照不同的目的和要求，有不同的分类。中国的土地目前大致有3种分类：按土地的自然属性分类，如按地貌、植被、土壤等进行分类；按土地的经济属性分类，如按土地的生产水平、

12

土地的所有权、使用权等进行分类；按土地的自然和经济属性以及其他因素进行的综合分类，如土地利用现状分类。

从中国的实际情况出发，同时借鉴国外一些发达国家的经验，国家新颁布的《土地管理法》，科学地将中国土地分为三大类，即农用地、建设用地和未利用地。《土地管理法》定义："农用地是指直接用于农业生产的土地，包括耕地、林地、草地、农田水利用地、养殖水面等；建设用地是指建造建筑物、构筑物的土地，包括城乡住宅和公共设施用地、工矿用地、交通水利设施用地、旅游用地、军事设施用地等；未利用地是指农用地和建设用地以外的土地。"

为了更有效地管理土地，在上述3种分类的基础上，国家标准化管理委员会2007年发布《土地利用现状分类》，根据土地的用途、利用方式和覆盖特征等因素，将中国土地分为了12个一级类、57个二级类。12个一级类土地是：耕地、园地、林地、草地、商服用地、工矿仓储用地、住宅用地、公共管理与公共服务用地、特殊用地、交通运输用地、水域及水利设施用地和其他用地。

## 土地的意义 〉

### ⊠ 人类生存的根本

我国土地资源绝对数量大，但相对数量小，人均耕地更少，且耕地后备资源严重不足，土地质量差，分布不均。"十分珍惜和合理利用每一寸土地，切实保护耕地"是我国的基本国策。

从总量上看，我国陆地总面积约为960万平方千米，占世界陆地面积的1/15，是亚洲的1/4。在世界200多个国家和地区中，我国陆地面积仅次于俄罗斯和加拿大，居世界第三位，绝对数量不可谓不大。

我国疆域辽阔，南北跨纬度49°，东西跨经度62°，是世界上跨越经纬度最多的国家之一。按热量条件，由南至北，分为南、中、北3个热带，暖、中、寒3个温带。按水文条件，由东到西分为湿润区、半湿润区、半干旱区和干旱区。按地形条件，由西往东分为3个阶梯，地势由海拔4000米以上的山地高原逐渐降低到海拔50米以下的沿海平原。上述诸多条件，形成了我国土地地域条件差异大、土地利用多样和土地资源类型丰富的特征。

在我国960万平方千米的陆地中，山地面积约占土地总面积的33%，高原占26%，丘陵占10%，此3项占据全国土地面积的69%，而盆地和平原

仅分别占土地总面积的 19% 和 12%。在世界领土大国中，我国是山地比重最大的国家。如按土地的海拔高度划分，则海拔在 500 米以上的山地和高原占全国土地面积的 74.8%，1000 米以上的占 57.9%，2000 米以上的占 32.9%，3000 米以上的占 25.9%。这种山地多、平原少的格局，给发展种植业带来一定困难，是制约我国社会经济发展的重要因素之一。

土地是重要的自然资源，是人类赖以生存的基础，也是动、植物生存的依靠。然而我国土地正面临大面积被污染和耕地面积锐减的问题。维护土地环境安全是生态环境安全的重要组成部分，也是国家粮食安全极为重要的基础。

当前，土壤污染已成为世界性的问题，国内外频发的土壤污染公害事件一次次敲响了警钟。我国耕地资源极其匮乏，每年都有数百万亩（1 亩 ≈ 666.67 平方米）土地被占用，这已成为限制农业可持续发展的重大障碍，同时，土壤污染也在不断地发生。据初步统计，全国至少有 1.95 亿 ～ 2.4 亿亩耕地受到不同程度的污染，每年因土壤污染造成的粮食减产达 1000 万吨，因各类土壤污染造成的农业经济损失约 200 亿元。除耕地以外，我国工矿区和城市也存在土壤污染问题，不断恶化的土壤污染形势已成为影响我国经济可持续发展的重

大障碍。

土地是人类生存最大的生产要素，没有耕地就没有粮食、蔬菜和水果，珍惜和保护每一寸土地是关系到中华民族生存与发展，关系到国家粮食安全，关系到生活资料的供给，最终关系到人民群众吃饭的大问题。因此，一定要全面贯彻科学发展观，加强环境保护，保护环境也是保护人类自己。我们必须高度重视土地资源保护，如何建设环境良好的和谐社会，如何保障经济可持续发展，如何保护粮食生产安全，为振兴中华打下坚实的基础。

## ⊠ 社会发展的象征：土地管理

从土地的社会意义来重新审视中国土地制度史，首先需要澄清的是西周的土地制度，这是中国有史料可证的最早的土地制度，也是理解中国土地制度演变的起点。我国历史学家侯外庐先生提出的"品级结构"实际上也适用于此，而且西周是具有严格意义的"礼不下庶人"的时期。以周天子为顶点，土地在贵族之间逐级自上而下地分封，一般的士、庶民以及奴隶，则以不同的方式附属于贵族。虽然当时的土地已有公田和私田之分，但私田并非真正意义上的私有田地，不过是庶民为贵族耕种公田而获得的份地而已，而公田的社会意义才是理解西周土地制度的关键。一种观点认为当时是土地国有，诸侯的田地都属于周天子所有，表现在周天子对诸侯封地拥有的予夺大权。另一种观点则联系分封制形成的政治分化，认为分封的土地是诸侯绝对私有的，周天子无权干涉。从最近的一些研究来看，周天子的实际力量不能高估，但其赋予诸侯统治合法性的象征力量不能低估。换句话说，周天子的实际力量只限于直辖地，对诸侯国的统治受制于诸侯的地方势力。因此，诸侯的公田，对于周天子而言，具有相当意义上的私有性质。所谓相当意义，即意味着这种私有也不具备产权理论所期待的完整意义。诸侯对周天子还

必须承担一些义务。周天子对诸侯的权威，除了诸侯必须承担的兵役、工役之外，更多是具有象征意味的定期贡纳土产、朝聘等，即表现出宇宙观的效力。周天子对土地的直接控制虽然不是西周时期的现状，但天子权威一旦拥有了宇宙观的效力，终将在历史进程中表现出来。

郡县制度正是把天子权威具体化的历史产物。虽然县的起源早至西周，社会意义也各有不同，但秦朝推行的郡县制，却以一套不同于分封制的官僚体系，打破地方势力的中间阻隔，来实现皇权对每一个人的个别人身支配。在土地制度上，国家不再自上而下地逐级分配土地，而是按照品级高低对全体臣民一律授田，意在撇开地方势力，直接控制每一块田地。虽然这种理想状态并未随着郡县制的建立而立竿见影，但郡县制从此取代分封制成为主导的治理方式。在历史的实际进程中，侯外庐先生指出

的"身份性地主"的存在，很大程度上影响着郡县制的实效。"身份性地主"在唐宋以前以豪强地主为代表，唐宋以后以大官僚为代表，他们拥有各种免税、免役的特权，其名下的土地和户口几乎置身于国家的控制之外。国家征派的赋以从中国历代史学家总是在田赋问题上来谈论土地制度得到证明。这里所说国家控制的土地，实际上要排除皇族私人享用的土地，以及赐封给特权阶层享用的土地，而专指国家授予庶民的那部分土地。之所以排除那些特权阶层享用的

税与徭役主要落到"非身份性"的庶民身上，庶民不堪重负，连人带地去依附"身份性地主"，造成国家控制的户口与土地愈少，引发统治危机。因此，限制"身份性地主"的各项特权，控制足够数量的户口与土地，就成为国家巩固其统治基础的必然要求。

　　国家控制足够数量的户口和土地，真正目的是控制足够数量的赋税。这可土地，并非他们拥有完整的产权而置于国家控制之外，而是由于品级结构具备"特权即例外权的存在"，以及特权滥用的结果。庶民的土地能够为国家所控制，恰恰在于缺乏特权的保护。而且，庶民耕种的土地又分为两类，耕种者的身份也有所不同。耕种屯田、官田的庶民相当于国家佃农的地位，耕种民田的庶民则拥有自耕农的地位。按照所有权的

区分而言，前者的土地为国家所有，承担地租，后者的土地则为私有，承担赋役。尽管在现代产权论者眼中，这种区别具有划时代的意义，但在传统国家的眼中，这两类田地实质上还是一个硬币的两面，都是征发赋役的源泉，不同的仅仅是程度之别而已。这种由土地和人口征发赋役的思想在中国源远流长，孟子有"布缕之征，粟米之征，力役之征"的概括，以及明朝开国皇帝朱元璋"民有田则有租，有身则有役，历代相承，皆循其旧"的基本信念，都是其不同时期的具体表现。在中国历史上，赋役就如同土地在阳光下的暗影，挥之不去。

结合分封制和郡县制的转换，可以发现"所有权悖论"的渊源：国家权威（皇权）的贯彻，是庶民作为个体摆脱分封贵族荫庇，获得土地的前提，而庶民的小土地上所附着的赋役又是郡县制国家的基础。究其原因，正是土地在建构中国大一统国家的宇宙观图式中具有不可让渡的性质，附着在土地上的国家权威，无论其表现是赋役还是地租，总是倾向于穿越所有权变换的风波而表现出来。这种强制性的赋役征收在中国历史上之所以可能，按照日本西山岛定生的研究，关键在于秦汉时期的国家建设，使朝廷控制的"爵位"秩序（尊卑）与民间重视的"齿位"秩序（长幼）在基层结合为"里"这样一种行政单位的秩序，意图实现国家对个别人身的支配，尤其表现在饮酒礼的仪式中。由此，庶民的身份就兼具国家与地方社会两重性。

从国家的视野来看，庶民身份的人家拥有的几乎只是无尽的赋役和辛劳。

但从地方社会的视角来看，庶民也有户籍和户等之分。唐、宋以前，以国家授田、庶民耕种为主，唐、宋以后，尤其宋代"不抑兼并"的政策，以及商品经济的发展，使土地买卖盛行，从此，庶民占有的民田增多。庶民占有田地的多寡也在地方社会中显示其等级意义。但与当代视为"进步"表现的土地买卖相反，土地买卖在宋代引起某种程度的社会忧虑。当时的"贫富无定势，田宅无定主"，以及"千年田换八百主"等等词句，正是土地买卖造成贫富的忽然升降的现实写照。与土地买卖的强劲势头相比，"族田"和"义庄"在宋代出现，明清时迅速扩大，而这些田地一般是不允许买卖的。相似的还有村庙的庙产。由此，这些土地也具有不可让渡的性质，意图永留在宗族和村落之内。

总而言之，土地包含的不可让渡的性质，在构建国家乃至地方社会空间中的重要意义，是土地制度研究的关键点。

## 神话中的土地之母

土地之母在希腊神话中是大地之神盖亚，在中国神话指女娲。

大地之神盖亚，是希腊神话中最早出现的神，在开天辟地时，由混沌所生。盖亚生了天空乌拉诺斯，海洋彭透斯和山脉乌瑞亚。并与乌拉诺斯结合生了6男6女，12个提坦神及3个独眼巨神和3个百臂巨神。她还独自孕育了巨人族以及白橡树三神女墨利埃，据说复仇女神厄里倪俄斯也是她所生。她与彭透斯生的5个孩子分别代表了不同的海，她算得上是众神之母。盖亚还与塔尔塔洛斯生了她最小的孩子提丰。她是五大创世神中最重要的一位。

中国神话中的土地之母是女娲。女娲又称娲皇、女娲娘娘，凤姓，生于成纪（今甘肃秦安县北），是中国历史神话传说中的一位女神。女娲与伏羲为兄妹，她与伏羲结婚而产生人类，后来女娲禁止兄妹相婚，这反映了中国原始时代由血缘婚进步到族外婚的情况。又传说女娲用黄土仿照自己造成了人，创造了人类社会。还有传说女娲补天，即自然界发生了一场特大灾害，天塌地陷，猛禽恶兽都出来残害百姓，女娲熔炼五色石来修补苍天，又杀死恶兽猛禽。另传说女娲制造了一种叫笙簧的乐器，于是人们又奉女娲是音乐女神。《风俗通义》中记载她为人类建立了婚姻制度，使青年男女相互婚配，繁衍后代，因此被传为婚姻女神。关于女娲的传说很多，一直流传至今，影响甚为广泛深远。至今中国云南的苗族、侗族还将女娲作为本民族的始祖加以崇拜。

# ● 解析土壤

土壤，是由一层层厚度各异的矿物质成分所组成的大自然主体。土壤和母质层的区别表现在于形态、物理特性、化学特性以及矿物学特性等方面。由于地壳、水蒸气、大气和生物圈的相互作用，土壤层有别于母质层。土壤是矿物和有机物的混合组成部分，存在着固体、气体和液体状态。疏松的土壤微粒组合起来，形成充满间隙的土壤的形式。这些孔隙中含有溶解的溶液（液体）和空气（气体）。因此，土壤通常被视为有多种状态。

土壤由岩石风化而成的矿物质、动植物、微生物残体腐解产生的有机质、土壤生物（固相物质）以及水分（液相物质）、空气（气相物质）、腐殖质等组成。固体物质包括土壤矿物质、有机质和微生物等；液体物质主要指土壤水分；气体是存在于土壤孔隙中的空气。土壤中这3类物质构成了一个矛盾的统一体，它们互相联系，互相制约，为作物提供必需的生活条件，是土壤肥力的物质基础。

**细说土壤成分** >

## ⊠ 矿物质

土壤矿物质是岩石经过风化作用形成的不同大小的矿物颗粒（砂粒、土粒和胶粒）。土壤矿物质种类很多，化学组成复杂，它直接影响土壤的物理、化学性质，是作物养分的重要来源之一。

## ⊠ 有机质

有机质含量的多少是衡量土壤肥力高低的一个重要标志，它和矿物质紧密地结合在一起。在一般耕地耕层中，有机质含量只占土壤干重的0.5%～2.5%，耕层以下更少，但它的作用却很大，人们常把含有机质较多的土壤称为"油土"。土壤有机质按其分解程度分为新鲜有机质、半分解有机质和腐殖质。腐殖质是指新鲜有机质经过微生物分解转化所形成的黑色胶体物质，一般占土壤有机质总量的85%～90%以上。

腐殖质的作用主要有以下几点：

1. 作物养分的主要来源。腐殖质既含有氮、磷、钾、硫、钙等大量元素，还含有微量元素，经微生物分解可以释放出来供作物吸收利用。

2. 增强土壤的吸水、保肥能力。腐殖质是一种有机胶体，吸水保肥能力很强，一般黏粒的吸水率为50%～60%，而腐殖质的吸水率高达

400%～600%；保肥能力是黏粒的6～10倍。

3. 改良土壤物理性质。腐殖质是形成团粒结构的良好胶结剂，可以提高黏

重土壤的疏松度和通气性，改变沙土的松散状态。同时，由于它的颜色较深，有利于吸收阳光，提高土壤温度。

4. 促进土壤微生物的活动。腐殖质为微生物活动提供了丰富的养分和能量，又能调节土壤酸碱反应，因而有利于微生物活动，促进土壤养分的转化。

5. 刺激作物生长发育。腐殖质在分解过程中产生的腐殖酸、有机酸、维生素及一些激素，对作物生育有良好的促进作用，可以增强呼吸和对养分的吸收，促进细胞分裂，从而加速根系和地上部分的生长。

土壤有机质主要来源于施用的有机肥料和残留的根茬。采用柴草垫圈、秸秆还田、割青沤肥、草田轮作、粮肥间

套、扩种绿肥等措施，可提高土壤有机质含量，使土壤越种越肥，产量越来越高，应当因地制宜加以推广。

## ⊠ 微生物

土壤微生物的种类很多，有细菌、真菌、放线菌、藻类和原生动物等。土壤微生物的数量也很大，1克土壤中就有几亿到几百亿个微生物。1亩地耕层土壤中微生物的重量有几百千克到几千千克。土壤越肥沃，微生物越多。

微生物在土壤中的主要作用如下：

1. 分解有机质。作物的残根败叶和施入土壤中的有机肥料，只有经过土壤微生物的作用，才能腐烂分解，释放出营养元素，供作物利用，并且形成腐殖质，改善土壤的理化性质。

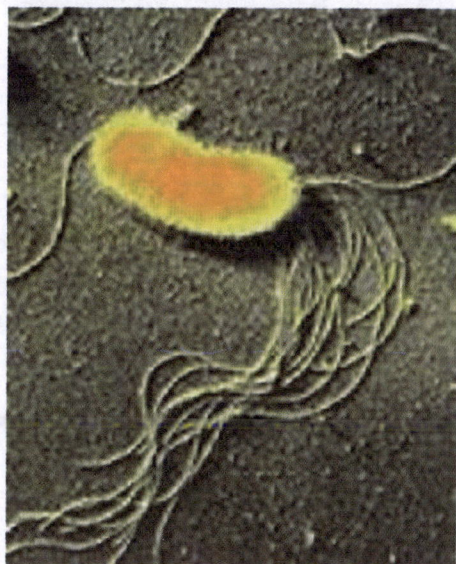

2.分解矿物质。例如磷细菌能分解出磷矿石中的磷，钾细菌能分解出钾矿石中的钾，以易于作物吸收利用。

3.固定氮素。氮气在空气的组成中占4/5，数量很大，但植物不能直接利用。土壤中有一类叫作固氮菌的微生物，能以空气中的氮素作食物，在它们死亡和分解后，这些氮素就能被作物吸收利用。固氮菌分两种，一种是生长在豆科植物根瘤内的，叫根瘤菌，种豆能够肥田，就是因为根瘤菌的固氮作用增加了土壤里的氮素；另一类单独生活在土壤里就能固定氮气，叫自生固氮菌。另外，有些微生物在土壤中会产生有害的作用。例如反硝化细菌，能把硝酸盐还原成氮气，放到空气里去，使土壤中的氮素受到损失。实行深耕、增施有机肥料、给过酸的土壤施石灰、合理灌溉和排水等措施，可促进土壤中有益微生物的繁殖，发挥微生物提高土壤肥力的作用。

### ▣ 水分

土壤是一个疏松多孔体，其中布满着大大小小蜂窝状的孔隙。直径0.001～0.1毫米的土壤孔隙叫毛管孔隙。存在于土壤毛管孔隙中的水分能被作物直接吸收利用，同时，还能溶解和输送土壤养分。毛管水可以上下左右移动，但移动的快慢决定于土壤的松紧程度。松紧适宜，移动速度最快，过松过紧，

移动速度都较慢。降水或灌溉后，随着地面蒸发，下层水分沿着毛管迅速向地表上升，应在分墒后及时采取中耕、耙、糖等措施，使地表形成一个疏松的隔离层，切断上下层毛管的联系，防止跑墒。"锄头有水"的科学道理就在这里。土壤含水量降至黄墒以下时，毛管水运行基本停止，土壤水分主要以汽化方式向

大气扩散丢失。这时进行镇压（碾地），使地表形成略为紧实的土层，一方面可以接通已断的毛细管，使底墒借毛管作用上升；另一方面可减少大孔隙，防止水汽扩散损失，所以人们说"碾子提墒，碾子藏墒"。镇压后耱地，使耕层上再形成一个平整而略松的薄层，保墒效果更好。

### ☒ 空气

土壤空气对作物种子发芽、根系发育、微生物活动及养分转化都有极大的影响。生产上应采用深耕松土、破除板结、排水、晒田（指稻田）等措施，以改善土壤通气状况，促进作物生长发育。

## 土壤分层 >

土壤共分为3层，第一层主要由顶土和腐殖质组成，第二层主要由底土（又称心土）组成，第三层则是岩石碎片和基岩。

### ◇ 土壤分层基本观点

成土因素学说的基本观点可概括为：

1. 土壤是一种独立的自然体，它是在各种成土因素非常复杂的相互作用下形成的。

2. 对于土壤的形成来说，各种成土因素具有同等重要性和相互不可替代性。其中生物起着主导作用。土壤是一定时期内，在一定的气候和地形条件下，活有机体作用于成土母质而形成的。

### ◇ 土壤分层形成因素

### ◇ 母质因素

风化作用使岩石破碎，理化性质改变，形成结构疏松的风化壳，其上部可称为土壤母质。如果风化壳保留在原地，形成残积物，便称为残积母质；如果在重力、流水、风力、冰川等作用下风化物质被迁移形成崩积物、冲积物、海积物、湖积物、冰碛物和风积物等，则称为运积母质。成土母质是土壤形成的物质基础和植物矿质养分元素（氮除外）的最初来源。母质代表土壤的初始状态，它在气候与生物的作用下，经过上千年的时间，才逐渐转变成可生长植物的土

壤。母质对土壤的物理性状和化学组成均产生重要的作用，这种作用在土壤形成的初期阶段最为显著。随着成土过程进行得越久，母质与土壤间性质的差别也越大，尽管如此，土壤中总会保存有母质的某些特征。

首先，成土母质的类型与土壤质地关系密切。不同造岩矿物的抗风化能力差别显著，其由大到小的顺序大致为：石英 — 白云母 — 钾长石 — 黑云母 — 钠长石 — 角闪石 — 辉石 — 钙长石 — 橄榄石。因此，发育在基性岩母质上的土壤质地一般较细，含粉沙和黏粒较多，含沙粒较少；发育在石英含量较高的酸性岩母质上的土壤质地一般较粗，即含沙粒较多而含粉沙和黏粒较少。此外，发育在残积物和坡积物上的土壤含石块较多，而在洪积物和冲积物上发育的土

壤具有明显的质地分层特征。

其次，土壤的矿物组成和化学组成深受成土母质的影响。不同岩石的矿物组成有明显的差别，使其上发育的土壤的矿物组成也就不同。发育在基性岩母质上的土壤，含角闪石、辉石、黑云母等深色矿物较多；发育在酸性岩母质上的土壤，含石英、钾长石和白云母等浅色矿物较多；其他如冰碛物和黄土母质

上发育的土壤，含水云母和绿泥石等黏土矿物较多，河流冲积物上发育的土壤亦富含水云母，湖积物上发育的土壤中多蒙脱石和水云母等黏土矿物。从化学组成方面看，基性岩母质上的土壤一般铁、锰、镁、钙含量高于酸性岩母质上的土壤，而硅、钠、钾含量则低于酸性岩母质上的土壤，石灰岩母质上的土壤，钙的含量最高。

### ❖ 气候因素

气候对于土壤形成的影响，表现为直接影响和间接影响两个方面。

直接影响指通过土壤与大气之间经常进行的水分和热量交换，对土壤水、热状况和土壤中物理、化学过程的性质与强度的影响。通常温度每增加10℃，化学反应速度平均增加1～2倍，温度从0℃增加到50℃，化合物的解离度增加7倍。在寒冷的气候条件下，一年中土壤冻结达几个月之久，微生物分解作用非常缓慢，使有机质积累起来，而在常年温暖湿润的气候条件下，微生物活动旺盛，全年都能分解有机质，使有机质含量趋于减少。

气候还可以通过影响岩石风化过程以及植被类型等间接地影响土壤的形成和发育。一个显著的例子是，从干燥的荒漠地带或低温的苔原地带到高温多雨的热带雨林地带，随着温度、降水、蒸发以及不同植被生产力的变化，有机残体归还逐渐增多，化学与生物风化逐渐增强，风化壳逐渐加厚。

### ❖ 生物因素

生物是土壤有机物质的来源和土壤形成过程中最活跃的因素。土壤的本质特征——肥力的产生与生物的作用是密切相关的。

岩石表面在适宜的日照和湿度条件下滋生出苔藓类生物，它们依靠雨水中溶解的微量岩石矿物质得以生长，同时产生大量分泌物对岩石进行化学、生物风化。随着苔藓类的大量繁殖，生物与岩石之间的相互作用日益加强，岩石表

面慢慢地形成了土壤，此后，一些高等植物在年幼的土壤上逐渐发育起来，形成土体的明显分化。

在生物因素中，植物起着最为重要的作用。绿色植物有选择地吸收母质、水体和大气中的养分元素，并通过光合作用制造有机质，然后以枯枝落叶和残体的形式将有机养分归还给地表。不同植被类型的养分归还量与归还形式的差异是导致土壤有机质含量高低的根本原因。例如，森林土壤的有机质含量一般低于草地，这是因为草类根系茂密且集中在近地表的土壤中，向下到根系的集中程度递减，从而为土壤表层提供了大量的有机质，而树木的根系分布很深，直接提供给土壤表层的有机质不多，主要是以落叶的形式将有机质归还到地表。动物除以排泄物、分泌物和残体的形式为土壤提供有机质，还通过啃食和搬运，促进有机残体的转化外，有些动物如蚯蚓、白蚁还可通过对土体的搅动，改变土壤结构、孔隙度和土层排列等。微生物在成土过程中的主要功能是有机残体的分解、转化和腐殖质的合成。

## ☒ 地形因素

地形对土壤形成的影响主要是通过引起物质、能量的再分配而间接地作用于土壤的。在山区，由于温度、降水和湿度随着地势升高的垂直变化，形成不同的气候和植被带，导致土壤的组成成分和理化性质均发生显著的垂直地带分化。对美国西南部山区土壤特性的考察发现，土壤有机质含量、总孔隙度和持水量均随海拔高度的升高而增加，而pH值随海拔高度的升高而降低。此外，坡度和坡向也可改变水、热条件和植被状况，从而影响土壤的发育。在陡峭的山坡上，由于重力作用和地表径流的侵蚀力，往往加速疏松地表物质的迁移，所以很难发育成深厚的土壤。而在平坦的地形部位，地表疏松物质的侵蚀速率较慢，使成土母质得以在较稳定的气候、生物条件下逐渐发育成深厚的土壤。阳坡由于接受太阳辐射能多于阴坡，温度

31

能形成土壤发生层，例如在沙丘土中，特别是在林下，典型灰壤的发育需要1000～1500年。但在变化比较缓和的环境条件中，以及利于成土过程进行的疏松成土母质上，土壤剖面的发育要快得多。

土壤发育时间的长短称为土壤年龄。从土壤开始形成时起直到目前为止的年数称为绝对年龄。例如，北半球现存的土壤大多是在第四纪冰川退却后形成和发育的。高纬度地区冰碛物上的土壤绝对年龄一般不超过1万年，低纬度未受冰川作用地区的土壤绝对年龄可能达到数十万年至数百万年，其起源可追溯到第三纪。

由土壤的发育阶段和发育程度所决定的土壤年龄称为相对年龄。在适宜的条件下，成土母质首先在生物的作用下进入幼年土壤发育阶段，这一阶段的特点是土体很薄，有机质在表土积累，化学一生物风化作用与淋溶作用很弱，剖面分化为A层和C层，土壤的性质在很大程度上还保留着母质的特征。随着B层的形成和发育，土壤进入成熟阶段，这一阶段有机质积累旺盛，易风化的矿物质强烈分解，在淀积层中黏粒大量积聚，土壤肥力和自然生产力均达到最高水平。经过相当长的时间以后，成熟土壤出现强烈

状况比阴坡好，但水分状况比阴坡差，植被的覆盖度一般是阳坡低于阴坡，从而导致土壤中物理、化学和生物过程的差异。

## ⊠ 时间因素

在上述各种成土因素中，母质和地形是比较稳定的影响因素，气候和生物则是比较活跃的影响因素，它们在土壤形成中的作用随着时间的演变而不断变化。因此，土壤是一个经历着不断变化的自然实体，并且它的形成过程是相当缓慢的。在酷热、严寒、干旱和洪涝等极端环境中，以及坚硬岩石上形成的残积母质上，可能需要数千年的时间才

的剖面分化，出现 E 层，并使 A 层和 B 层的特征发生显著差异，有机质累积过程减弱，矿物质分解进入最后阶段，只有抗风化最强的矿物残留在土体中，淀积层中黏粒积聚形成黏盘，土壤进入老年阶段，这一阶段土壤的肥力和自然生产力都明显降低。

### ▣ 人类因素

在五大自然成土因素之外，人类生产活动对土壤形成的影响亦不容忽视，主要表现在通过改变成土因素作用于土壤的形成与演化。其中以改变地表生物状况的影响最为突出，典型例子是农业生产活动，它以稻、麦、玉米、大豆等一年生草本农作物代替天然植被，这种人工栽培的植物群落结构单一，必须在大量额外的物质、能量输入和人类精心的护理下才能获得高产。因此，人类通过耕耘改变土壤的结构、保水性、通气性；通过灌溉改变土壤的水分、温度状况；通过农作物的收获将本应归还土壤的部分有机质剥夺，改变土壤的养分循环状况；再通过施用化肥和有机肥补充养分的损失，从而改变土壤的营养元素组成、数量和微生物活动等。最终将自然土壤改造成为各种耕作土壤。人类活动对土壤的积极影响是培育出一些肥沃、高产的耕作土壤，如水稻土等，同时由于违反自然成土过程的规律，人类活动也造成了土壤退化，如肥力下降、水土流失、盐渍化、沼泽化、荒漠化和土壤污染等消极影响。

33

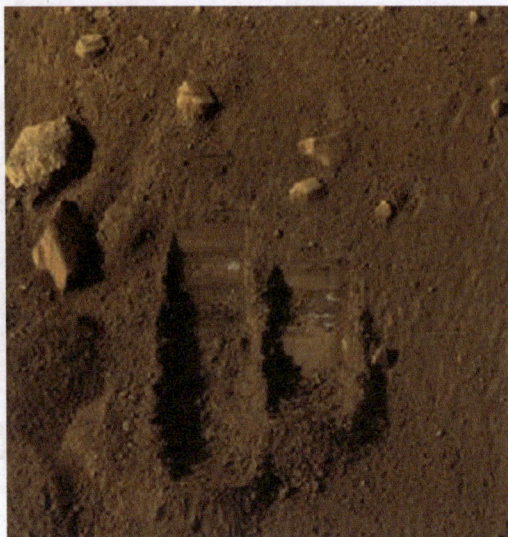

结构体相互支撑，会增大孔隙，造成水分快速蒸发跑墒，多有压苗作用，不利植物生长繁育。

### ⊠ 片状结构体

片状结构体为水平面排列，水平轴比垂直轴长，界面呈水平薄片状，农田犁耕层、森林的灰化层、园林压实的土壤均属此类。片状结构体不利于通气透水，会造成土壤干旱，水土流失。

## 土壤的结构 >

### ⊠ 块状结构体

块状结构体近似立方体，长、宽、高大体相等，一般大于 3 厘米，1～3 厘米的称作核状结构体；外形不规则，多在黏重而乏有机质的土中生成，熟化程度低的死黄土常见此结构。由于块状

### ⊠ 柱状和棱状结构体

柱状和棱状结构体沿垂直轴排列，垂直轴大于水平轴，土体直立，结构体大小不一，坚硬，内部无效孔隙不占优势，植物的根系难以介入，通气不良，结构体之间形成大裂隙，既漏水又漏肥。

34

◎ 团粒结构体

团粒结构体是最适宜植物生长的结构体土壤类型，它在一定程度上标志着土壤肥力的水平和利用价值。它能协调土壤水分和空气的矛盾；能协调土壤养分的消耗和累积的矛盾；能调节土壤温度，并改善土壤的温度状况；能改良土壤的可耕性，改善植物根系的生长伸长条件。

## 土壤与施肥 ﹥

要想使我们在土壤上种植的作物健康苗壮成长，就必须为作物补充它在土壤中吸收不到的养分，为土壤施肥，使它结出硕大的果实。可是，怎样施肥呢？施肥必须考虑土壤，这是因为，首先，只有在土壤对某一养分供应不足时才需要施肥，并不需要把所有的必需元素都施入土壤，因为大多数营养元素土壤（或大气）已能充分供应，如果过度施肥，会造成浪费，甚至造成作物中毒。这一点有时会被忽视。其次，肥料施入土壤后会发生一系列变化，会在不同程度上影响肥料效果，不考虑土壤，也就谈不上真正的合理施肥。如在水田中施用硝态氮肥，必然会降低肥效等。

土壤中的微量元素大部分是以硅酸盐、氧化物、硫化物、碳酸盐等无机盐形态存在。在土壤溶液中可有一部分微量元素以有机络合态存在。通常把水溶液或交换态的微量元素看作是对作物有效的。土壤中微量元素供应不足的一个原因是土壤本身含量过低，另一种原因是微量元素的含量并不低，甚至很高但是由于土壤条件（主要是土壤酸碱度和氧化还原条件）造成有效性降低而供应不足。在前一种条件下，需要靠补施微量元素肥料，后一种情况下，有时只需改变土壤条件，增加土壤微量元素的有效性，就可增加供应水平。

### ⊠ 施肥对土壤的影响

#### ⊠ 增加土壤养分

无论施用有机肥料或无机肥料都能增加土壤养分。无机肥料大多易于溶解，施用后除部分被土壤吸收保蓄外，作物可以立即吸收。而有机肥料，除少量养分可供作物直接吸收外，大多数须经微生物分解，作物方能利用。在分解过程中，会产生二氧化碳以及各种有机酸和无机酸。二氧化碳除被植物吸收外，溶解在土壤水分中形成的碳酸和其他各种有机酸、无机酸都有促进土壤中某些难溶性矿质养分溶解的作用，从而增加土壤中有效养分的含量。有些肥料（如石灰、石膏）除直接增加土壤养分，还能通过调节土壤反应，提高土壤中有效养分的含量。

#### ⊠ 改善土壤结构

施用有机肥料和含钙质多的肥料，除了能增加土壤养分外，还能促进土壤团粒结构的形成。因为有机肥料在土壤中微生物的作用下，进行矿化作用，增加土壤中有效养分，同时，增加土壤腐殖质含量。腐殖质在土中遇到钙离子就会和土粒凝聚在一起形成水稳定性团粒结构。改善黏土的坚实板结以及沙土的跑水漏肥等不良性状，提高土壤肥力。

## 改善土壤的水热状况

一般有机质都有吸水和保水的能力，特别像腐殖质这一类亲水胶体，保水能力更强。土壤中的腐殖质和黏土粒结合形成团粒，在团粒内部有许多毛管孔隙，也能保存很多的水分，能被植物利用。由于腐殖质是棕黑色的物质，土壤中腐殖质含量多，土壤颜色较深，可增加吸收日光热能，有利于提高土壤温度。同时，腐殖质保水能力强，比热容较大，导热性小，土壤温度变化慢，有利于作物生长。

## 增加土壤生理活性物质

增施有机肥能促进微生物的活动。由于微生物活动的结果，除了增加土壤中的矿物质营养和腐殖质以外，还能产生多种维生素、抗生素、生长素等，具有促进根系发育、刺激作物生长、增强抗病能力的作用。

## 土壤的种类 〉

　　土壤可分为：沙质土、黏质土、壤土3类。

　　沙质土含沙量多，颗粒粗糙，渗水速度快，保水性能差，但通气性能好。

　　黏质土含沙量少，颗粒细腻，渗水速度慢，保水性能好，但通气性能差。

　　壤土含沙量一般，颗粒一般，渗水速度一般，保水性能一般，通气性能也一般。

## 作物的土壤营养环境 〉

作物的土壤营养环境包括物理环境、化学环境和养分环境。

土壤物理环境首先影响作物的水分和空气供应，也直接影响养分的供应和保蓄。土壤是由大小不同的颗粒组成，这些颗粒构成了土体的三相，即固相、液相和气相。一般肥沃土壤，它的固相占整个土壤体积的一半以上，另外不到一半的体积，充满水分和空气。土壤孔隙不仅承担着作物水分、空气的供应，本身也对作物生长有重要作用，同时也直接影响养分在土壤中的扩散。土壤黏粒、土壤有机质和土壤酸度是影响土壤化学环境的重要因素。土壤养分即使在施肥的情况下也对植物生长起着重要的作用。据估计，在一般施肥情况下，中等产量水平时，植物吸收的氮中有30%～60%、磷中50%～70%、钾中40%～60%是来自土壤，可见土壤养分环境对作物营养的重要作用。

## 土壤的生态意义 〉

土壤是岩石圈表面的疏松表层，是陆生植物生活的基质和陆生动物生活的基底。土壤不仅为植物提供必需的营养和水分，而且也是土壤动物赖以生存的栖息场所。土壤的形成从开始就与生物的活动密不可分，所以土壤中总是含有多种多样的生物，如细菌、真菌、放线菌、藻类、原生动物、软体动物和各种节肢动物等，少数高等动物（如鼹鼠等）终生都生活在土壤中。据统计，在一小勺土壤里就含有亿万个细菌，25克森林腐殖土中所包含的霉菌如果一个一个排列起来，其长度可达11千米。可见，土壤是生物和非生物环境的一个极为复杂的复合体，土壤的概念总是包括生活在土壤里的大量生物，生物的活动促进了土壤的形成，而众多类型的生物又生活在土壤之中。所以土壤被称为世界上最重要的能源，生活在地球上所有的陆生生物和一部分海洋生物都直接或间接地被土壤影响着。

土壤无论对植物来说还是对动物来说都是重要的生态因子。植物的根系与土壤有着极大的接触面，在植物和土壤之间进行着频繁的物质交换，彼此有着强烈影响，因此通过控制土壤因素就可影响植物的生长和产量。对动物来说，土壤是比大气环境更为稳定的生活环境，其温度和湿度的变化幅度要小得多，因此土壤常常成为动物的极好隐蔽所，在土壤中可以躲避高温、干燥、大风和阳光直射。由于在土壤中运动要比大气中和水中困

难得多，所以除了少数动物（如蚯蚓、鼹鼠、竹鼠和穿山甲）能在土壤中掘穴居住外，大多数土壤动物都只能利用枯枝落叶层中的孔隙和土壤颗粒间的空隙作为自己的生存空间。

土壤是所有陆地生态系统的基底或基础，土壤中的生物活动不仅影响着土壤本身，而且也影响着土壤上面的生物群落。生态系统中的很多重要过程都是在土壤中进行的，其中特别是分解和固氮过程。生物遗体只有通过分解过程才能转化为腐殖质和矿化为可被植物再利用的营养物质，而固氮过程则是土壤氮肥的主要来源。这两个过程都是整个生物圈物质循环所不可缺少的过程。

## 世界土壤类型 〉

### ⊠ 亚欧大陆

亚欧大陆是最大的大陆。山地土壤约占 1/3,灰化土和荒漠土分别占 16% 和 15%,黑钙土和栗钙土占 13%。地带性土壤沿纬度水平分布由北至南依次为冰沼土—灰化土—灰色森林土—黑钙土—栗钙土—棕钙土—荒漠土—高寒土—红壤—砖红壤。但在东、西两岸略有差异:大陆西岸从北至南依次为冰沼土—灰化土—棕壤—褐土—荒漠土;大陆东岸从北至南依次为冰沼土—灰化土—棕壤—红、黄壤—砖红壤。在灰化土和棕壤带中分布有沼泽土。半荒漠和荒漠土壤中分布着盐渍土。在印度德干高原上分布着变性土。

### ⊠ 美洲

北美洲灰化土较多,约占 23%。由于西部科迪勒拉山系呈南北走向延伸,从而加深了水热条件的东西差异,因此,北美洲西半部土壤表现出明显的经度地带性分布。北美大陆西半部(灰化土带以南,西经 95° 以西,不包括太平洋沿岸地带)由东至西的土壤类型依次为湿草原土—黑钙土—栗钙土—荒漠土,而在东部因南北走向的山体不高,土壤又表现出纬度地带性分布,由北至南依次为冰沼土—灰化土—棕壤—红、黄

土壤类型是南北向排列和延伸的，自北向南依次为砖红壤—红褐土—荒漠土—褐土—棕壤。

### ⊠ 非洲

非洲土壤以荒漠土、砖红壤和红壤为最多，前者约占37%，后两者约占

壤。北美洲灰化土带中有沼泽土，栗钙土带中有碱土，荒漠土带中有盐土。南美洲砖红壤、砖红壤性土的分布面积最大，几乎占全洲面积的一半，主要分布于南回归线以北地区，呈东西延伸。在南回归线以南地区，土壤类型逐渐转为南北延伸，从东至西依次大致为红、黄壤—变性土—灰褐土、灰钙土，再往南则为棕色荒漠土。安第斯山脉以西地区

29%。由于赤道横贯非洲中部，土壤由中部低纬度地区向南北两侧成对称纬度地带性分布，其顺序是砖红壤—红壤—红棕壤和红褐土—荒漠土，至大陆南北两端为褐土和棕壤。但在东非高原因受地形的影响而稍有改变。在砖红壤带中分布有沼泽土，在沙漠化的热带草原、半荒漠和荒漠带中分布有盐渍土。

## ◎ 澳大利亚

　　澳大利亚土壤以荒漠土面积最大，约占44%，其次为砖红壤和红壤，占25%。土壤分布呈半环形，自北、东、南3方面向内陆和西部依次分布热带灰化土—红壤和砖红壤—变性土和红棕壤—红褐土和灰钙土—荒漠土。

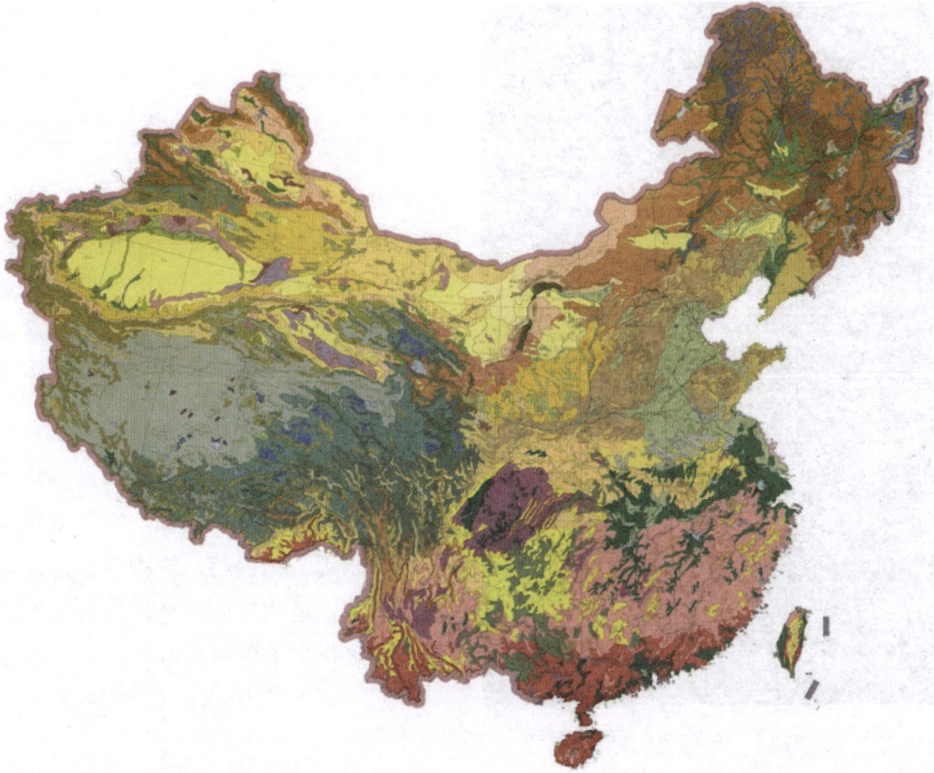

## 中国主要土壤类型 〉

### ⊠ 砖红壤

砖红壤主要分布于海南岛、雷州半岛、西双版纳和台湾岛南部，大致位于北纬22° 以南的热带季风气候区；年平均气温为23℃～26℃，年平均降水量为1600～2000毫米。是热带雨林下形成的土壤。风化淋溶作用强烈，易溶性无机养分大量流失，铁、铝残留在土中，颜色发红。砖红壤土层深厚，质地黏重，肥力差，呈酸性至强酸性。

### ⊠ 赤红壤

赤红壤主要分布于滇南，广西、广东的南部，福建的东南部，以及台湾省的中南部，大致分布在北

45

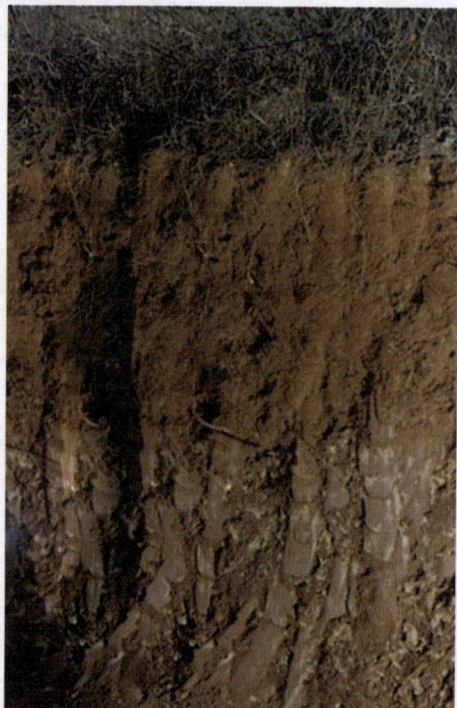

## ⊠ 红壤和黄壤

红壤和黄壤主要分布于长江以南的大部分地区以及四川盆地周围的山地。中亚热带季风气候区。气候温暖，雨量充沛，年平均气温 16℃～26℃，年降水量 1500 毫米左右，是亚热带常绿阔叶林下形成的土壤。黄壤形成的热量条件比红壤略差，而水湿条件较好；有机质来源丰富，但分解快，流失多，故土壤中腐殖质少，土性较黏，因淋溶作用较强，故钾、钠、钙、镁积存少，而含铁铝多，土呈均匀的红色。因黄壤中的氧化铁水化，土层呈黄色。

纬 22°～25°，为砖红壤与红壤之间的过渡类型。南亚热带季风气候区，气温较砖红壤地区略低，年平均气温为 21℃～22℃，年降水量为 1200～2000 毫米，是常绿阔叶林下形成的土壤。风化淋溶作用略弱于砖红壤，颜色红。赤红壤土层较厚，质地较黏重，肥力较差，呈酸性。

## 黄棕壤

黄棕壤的分布北起秦岭、淮河，南到大巴山和长江，西自青藏高原东南边缘，东至长江下游地带，黄棕壤是黄红壤与棕壤之间过渡型土类。分布在亚热带季风区北缘，夏季高温，冬季较冷，年平均气温为15℃～18℃，年降水量为750～1000毫米。植被是落叶阔叶林，但杂生有常绿阔叶树种。黄棕壤既具有黄壤与红壤富铝化作用的特点，又具有棕壤黏化作用的特点，呈弱酸性反应，自然肥力比较高。

## 棕壤

棕壤分布于山东半岛和辽东半岛。暖温带半湿润气候。夏季暖热多雨，冬季寒冷干旱，年平均气温为5℃～14℃，年降水量为500～1000毫米，是暖温带落叶阔叶林和针阔叶混交林下形成的土壤。土壤中的黏化作用强烈，还产生较明显的淋溶作用，使钾、钠、钙、镁都被淋失，黏粒向下淀积。棕壤土层较厚，质地比较黏重，表层有机质含量较高，呈微酸性反应。

## 暗棕壤

暗棕壤分布于东北地区大兴安岭东坡、小兴安岭、张广才岭和长白山等地区。中温带湿润气候。年平均气温 –1℃～5℃，冬季寒冷而漫长，年降水量600～1100毫米，是温带针阔叶混交林下形成的土壤。土壤呈酸性反应，它与棕壤比较，表层有较丰富的有机质，腐殖质的积累量多，是比较肥沃的森林土壤。

47

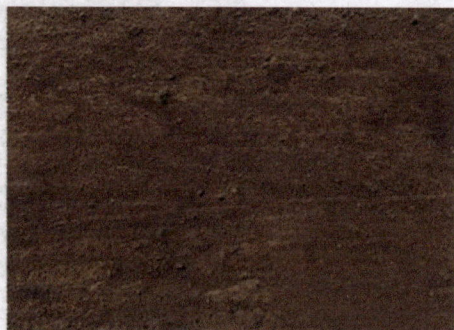

## ⊠ 寒棕壤

寒棕壤分布于大兴安岭北段山地上部，北面分布宽、南面分布窄。寒温带湿润气候。年平均气温为 –5℃，年降水量 450～550 毫米，是亚寒带针叶林下形成的土壤。土壤经漂洗作用和灰化作用（氧化铁被还原随水流失的漂洗作用和铁、铝氧化物与腐殖酸形成螯合物向下淋溶并淀积的灰化作用）。土壤酸性大，土层薄，有机质分解慢，有效养分少。

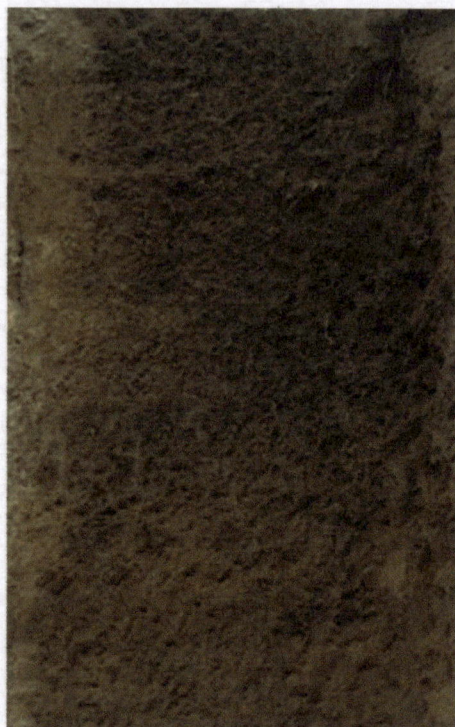

为主。淋溶程度不很强烈，有少量碳酸钙积淀。土壤呈中性、微碱性反应，矿物质、有机质积累较多，腐殖质层较厚，肥力较高。

## ⊠ 黑钙土

黑钙土分布于大兴安岭中南段山地的东西两侧，东北松嫩平原的中部和松花江、辽河的分水岭地区。温带半湿润大陆性气候。年平均气温 –3℃～3℃，年降水量 350～500 毫米。植被为产草量最高的温带草原和草甸草原。腐殖质含量最为丰富，腐殖质层厚度大，土

## ⊠ 褐土

褐土分布于河北、辽宁省连接的丘陵低山地区，陕西关中平原。暖温带半湿润、半干旱季风气候。年平均气温 11℃～14℃，年降水量 500～700 毫米，一半以上都集中在夏季，冬季干旱。褐土上植被以中生和旱生森林灌木

48

壤颜色以黑色为主，呈中性至微碱性反应，钙、镁、钾、钠等无机养分也较多，土壤肥力高。

## ◙ 栗钙土

栗钙土分布于内蒙古高原东部和中部的广大草原地区，是钙层土中分布最广、面积最大的土类，分布于温带半干旱大陆性气候。年平均气温 −2℃ ～ 6℃，年降水量250～350毫米。草场为典型的干草原，生长不如黑钙土区茂密。腐殖质积累程度比黑钙土弱些，但也相当丰富，厚度也较大，土壤颜色为栗色。土层呈弱碱性反应，局部地区有碱化现象。土壤质地以细沙和粉沙为主，区内沙化现象比较严重。

## ◙ 棕钙土

棕钙土分布于内蒙古高原的中西部、鄂尔多斯高原、新疆准噶尔盆地的北部和塔里木盆地的外缘，是钙层土中干旱并向荒漠地带过渡的一种土壤。气候比栗钙土地区更干，大陆性更强。年平均气温 2℃ ～ 7℃，年降水量150～250毫米，没有灌溉就不能种植庄稼。植被为荒漠草原和草原化荒漠。腐殖质的积累和腐殖质层厚度是钙层土中最少的，土壤颜色以棕色为主，土壤呈碱性反应，地面普遍多砾石和沙，并逐渐向荒漠土过渡。

## ⊠ 黑垆土

黑垆土分布于陕西北部、宁夏南部、甘肃东部等黄土高原上，土壤侵蚀较轻，地形较平坦的黄土源区。暖温带半干旱、半湿润气候。年平均气温 8℃ ～10℃，年降水量 300～500 毫米，与黑钙土

地区差不多，但由于气温较高，相对湿度较小。黑垆土由黄土母质形成，植被与栗钙土地区相似。腐殖质的积累和有机质含量不高，腐殖质层的颜色上下差别比较大，上半段为黄棕灰色，下半段为灰带褐色，黑垆土是被埋在下边的古土壤。

## ⊠ 荒漠土

荒漠土分布于内蒙古、甘肃的西部，新疆的大部分地区，青海的柴达木盆地等地区，面积很大，差不多要占全国总面积的1/5。温带大陆性干旱气候。年降水量大部分地区不到 100 毫米；植被稀少，以非常耐旱的肉汁半灌木为主。土壤基本上没有明显的腐殖质层，土质疏松，缺少水分，土壤剖面几乎全是沙砾，碳酸钙表聚、石膏和盐分聚积多，土壤发育程度差。

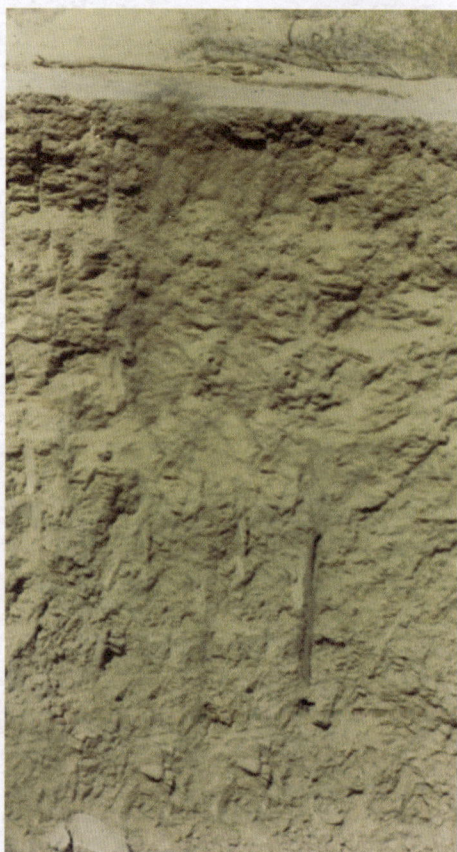

## ◙ 高山草甸土

高山草甸土分布于青藏高原东部和东南部，在阿尔泰山、准噶尔盆地以西山地和天山山脉。这些地方气候温凉而较湿润，年平均气温 –2℃ ～ 1℃，年降水量 400 毫米左右，为高山草甸植被。剖面由草皮层、腐殖质层、过渡层和母质层组成。土层薄，土壤冻结期长，通气不良，土壤呈中性反应。

## ◙ 高山漠土

高山漠土分布于藏北高原的西北部，昆仑山脉和帕米尔高原。气候干燥而寒冷，年平均气温 –10℃ 左右，冬季最低气温可达 –40℃，年降水量低于 100 毫米。植被的覆盖度不足 10%。高山漠土土层薄，石砾多，细土少，有机质含量很低，土壤发育程度差，碱性反应。

# 多彩神州

## 红土地 >

长江以南的广大丘陵地区，分布着一种在当地高温多雨下发育而成的红色土壤，叫红壤，这种土壤含铁、铝成分较多，有机质少，酸性强，土质黏重，是我国南方的低产土壤之一。

DADI DE BIAOQING

### ⊠ 美丽的红土地

红土地是指土壤是酸性的，颜色是红的！

云南东川红土地被专家认为是全世界除巴西里约热内卢外最有气势的红土地，而其景象比巴西红土地更为壮美。

云南地处温暖湿润的环境，土壤里的铁质经过氧化慢慢沉积下来，逐渐

形成了炫目的色彩。东川红土地指的是位于昆明市东川区西南40多千米的新田乡，有一名叫"花石头"（在109千米程碑处）的地方，这里方圆近百千米的区域是云南红土高原上最集中、最典型、最具特色的红土地。每年9-12月，一部分红土地翻根待种，另一部分红土地已经种上绿绿的青稞或小麦和其他农作物，远远看去，就像上天涂抹的色块，色彩绚丽斑斓，衬以蓝天、白云和那变幻莫测的光线，构成了红土地壮观的景色。

云南东川红土地越来越受到驴友和摄影爱好者的青睐，它那天然的红土壤被普普通通的农民随意耕作的庄稼织就成一幅幅水灵灵的水彩画。放眼望去，

54

映入眼帘的美令人惊叹，可谓鬼斧神工。最美的当数落霞沟，色彩斑斓，简直是神来之笔。

## ⊠ 造成红土地的原因

由于人多地少，过度开发，加上土壤本身的特性，红壤区的土壤生产力低下，水土流失严重，并在不少地区严重退化，形成"红色荒漠化"。

南方山区丘陵水土流失严重，危害大于黄土高原。水土流失导致石质裸露，不能恢复，形成"红色荒漠"。

陡坡开垦或过度垦殖、毁林开荒、砍林取薪等现象，破坏地表植被，导致水土流失，土地退化。

## 黄土地 〉

　　黄土指的是在干燥气候条件下形成的多孔性具有柱状节理的黄色粉性土，湿陷性黄土受水浸湿后会产生较大的沉陷。

　　黄土是第四纪形成的陆相黄色粉沙质土状堆积物。黄土的粒径为

0.005～0.05毫米，其粒度成分的百分比在不同地区和不同时代有所不同。它广泛分布于北半球中纬度的干旱和半干旱地区。黄土的矿物成分有碎屑矿物、黏土矿物及自生矿物3类。碎屑矿物主要是石英、长石和云母，约占碎屑矿物的80%，其次有辉石、角闪石、绿帘石、

绿泥石、磁铁矿等。此外，黄土中碳酸盐矿物含量较多，主要是方解石。黏土矿物主要是伊利石、蒙脱石、高岭石、针铁矿、含水赤铁矿等。黄土的物理性质表现为疏松、多孔隙，垂直节理发育，极易渗水，且有许多可溶性物质，很容易被流水侵蚀形成沟谷，也易造成沉陷和崩塌。黄土颗粒之间结合不紧，孔隙度一般为40%～50%。

　　黄土是指原生黄土，即主要由风力作用形成的均一土体，黄土状沉积是指经过流水改造的次生黄土。中国北方新生代晚期土状堆积物中常见有古土壤分布，尤以黄土高原地区黄土中最为普遍。在黄土古土壤层下部的白色钙质淀积层常以结核形式表现出来。钙结核的形状有长柱状、不规则树枝状及圆球状等，一般长15～25厘米，宽5～10厘米。黄土在北半球各大陆均有分布，以中国北方的黄土最为典型，在黄河中游构成了著名的黄土高原。中国黄土的分布区介于北纬34°～45°，呈东西向带状分布，位于北半球中纬度沙漠–黄土带东南部。黄土分布述与东西向山脉的走向大体一致，昆仑山、秦岭、泰山

一线以北黄土分布广泛。中国黄土的总面积约为38万平方千米，黄土状沉积的总面积约为25.4万平方千米。其中黄河流域黄土面积约为31.7万平方千米。黄土的厚度各地不一，陕西泾河与渭河流域的中下游地区，最大厚度可达180～200米。中国黄土物质主要来自里海以东北纬35°～45°的内陆沙漠盆地地区。沙漠盆地中的上升气流将粉尘颗粒输送至高空，进入西风环流系统，随着西风带的高空气流自西向东、东南飘移，至东经100°以东的地区发生大规模沉降。堆积起来的粉尘颗粒，由于生物化学风化作用，发生次生碳酸盐化形成黄土。

黄土是优质的土壤。它不仅具备土壤腐殖层、淋溶层、淀积层3层的分层特征，还有其他土壤所不具备的独特品质。

黄土是一种很肥沃的土层，对农业生产极为重要。但因植被稀少，易造成水土流失，给农业生产和工程建设都造成严重的危害，需要科学治理。

## ◇ 黄土的特性

黄土是最新的地质时期（距今约200万年的第四纪时期）形成的土状堆积物，所以其性质比较疏松、特殊。典型的黄土为黄灰色或棕黄色的尘土和粉沙细粒组成，质地均一，以手搓之，易成粉末，含多量钙质或黄土结核，多孔隙，有显著的垂直节理，无层理，在干燥时较坚硬，一被流水浸湿，通常容易剥落和遭受侵蚀，甚至发生坍陷。所以在黄土地区进行各种工程建设时，如果对黄土的特性不了解，往往会给工程带来严重的损失和破坏。因此，黄土的特性很早就引起了科学工作者和工程技术人员的注意，并在长期的实践和研究中，已经把黄土的主要特性归结为5个方面。

## ◇ 多孔性

由于黄土主要是由极小的粉状颗粒所组成，而在干燥、半干燥的气候条件下，它们相互之间结合得不紧密，一般只要用肉眼就可以看到颗粒间具有各种大小不同和形状不同的孔隙和孔洞，所以通常有人将黄土称为大孔土。一般认为黄土的多孔性与成岩作用、植物根系腐烂和水对黄土的作用等有关，更重要的是与特殊的气候条件有关。典型的黄土孔隙度较高，而黄土状岩石的孔隙度较低。

## ◇ 垂直节理发育

当深厚的黄土层沿垂直节理劈开

后，所形成的陡峻而壮观的黄土崖壁是黄土地区特有的景观。垂直节理发育，就是典型黄土和黄土状岩石所具有的普遍而特殊的性质。

关于黄土垂直节理的成因，曾引起许多学者的兴趣。目前较多的人认为，垂直节理的形成主要是由于黄土在堆积加厚的过程中受重力的影响，土粒间的上下间距变得越来越紧密，而土粒间的左右间距却保持原状不变。这样水和空气就沿着抵抗力最小的上下方向移动，也就是说水和空气沿着黄土的垂直管状孔隙不断地升降并反复进行，这就造成了黄土垂直节理发育的倾向。

## 层理不明显

凡是沉积岩一般都应该具有层理，因为任何成因的沉积岩的形成都必须经过沉积物逐步堆积的过程。黄土既然也属于沉积岩的范畴，为什么层理却不明显或不清楚呢？

很多学者把黄土无层理或层理不明显，作为黄土风成的标志，而有层理的黄土则认为是水成的依据。如今，有人提出黄土无论是风成的还是水成的都应具有层理，其层理之所以不明显，主要是由于在观察过程中，人们的注意力主要集中在黄土的孔隙性和垂直节理的显著特征上，忽视了对层理的研究；其次，黄土的组成物质主要是尘土质物质，它在渐次堆积过程中，形成非常薄的层理，用肉眼观察是很不明显的；另外，黄土崖壁经过不断的雨水淋洗后，常常使表层黄土呈泥浆糊状物涂于整个崖壁表面，因而从外观来看，就再也看不清层理了，就像砖砌的墙壁经过泥浆的粉刷再也看不到砖缝一样。这种说法是有一定道理的。

## 透水性较强

一般典型的黄土透水性较强，而黄土状岩石透水性较弱，未沉陷的黄土透水性较强，沉陷过的黄土透水性较弱。黄土之所以具有透水性，这和它具有多孔性以及垂直节理发育等结构特点是分不开的。黄土的多孔性及垂直节理越发育，黄土层在垂直方向上的透水性越高，而在水平方向上的透水性则越微弱。此外，当黄土层中具有土壤层或黄土结核层时，就会导致黄土层的透水性不良，甚至产生不透水层。

### ⊠ 沉陷性

黄土经常具有独特的沉陷性，这是任何其他岩石都少有的。黄土沉陷的原因多种多样，只有把黄土本身的性质与外在环境的条件结合起来考虑时，才能真正了解黄土沉陷的原因。

粉末性是黄土颗粒组成的最大特征之一。粉末性表明黄土粉末颗粒间的相互结合是不够紧密的，所以每当土层浸湿时或在重力作用的影响下，黄土层本身就失去了它的固结的性能，常常引起强烈的沉陷和变形。

此外，黄土的多孔性，大气降水和温度的变化以及人为的影响，对黄土中可溶性盐类的溶解和黄土沉陷的数量与速度都有着极大的影响。

黄土的上述 5 种特性并不是互不相干的，而是相互影响、互为作用的，所以对黄土的特性必须全面综合地加以研究。

## 黑土地 ⟩

全世界仅有三大块黑土区：一块分布在乌克兰大平原，面积约190万平方千米；第二块是分布在北美洲密西西比河流域，面积约120万平方千米；第三块是分布于我国松辽流域和三江平原的东北黑土区，面积约102万平方千米，是被誉为"北大仓"的我国重要的商品粮基地。

由于黑土地土地肥沃，这三大块黑土区均为所在国家重要的农业产品基地，因此，三大黑土区的垦殖指数均比较高。在各黑土区的开发、垦殖过程中，都曾发生过严重的水土流失问题，如美国、乌克兰等地发生的"黑风暴"等。

## ⊠ 东北黑土地

以弯月状分布于黑龙江、吉林两省的黑土区是中国最肥沃的土地，总面积约为10万平方千米，目前已开垦出耕地7万多平方千米，其粮食产量已占两省的60%以上，是中国最大的商品粮生产基地。因黑土层厚度为30～100厘米，人们总用"一两土二两油"来形容它的肥沃与珍贵。

## ⊠ 问题与忧患

中国东北黑土区在近百年的大面积开发、垦殖过程中，亦发生了严重的水土流失问题，主要表现在大面积坡耕地的黑土层流失和水土流失中形成的侵蚀沟。这些水土流失问题带来的不仅是黑土资源的流失问题，同时，也带来了严重的环境生态问题，甚至社会问题，如农牧民赖以生存的土地资源和收入问题。严重的水土流失正使中国肥沃的东

61

北黑土地变得又"薄"又"黄",专家警告说,如果再不抓紧防治,"黑土地"也许将成为书本上的一个历史名词。

据专家介绍,每生成1厘米黑土需要200～400年时间,而现在黑土层却在以每年近1厘米的速度流失,每年流失掉的黑土总量达1亿～2亿立方米,光是流失的氮、磷、钾养分就相当于数百万吨化肥。土壤中有机物质含量比开垦前下降近2/3,板结和盐碱化现象严重。黑土的流失与黄土不同,黄土高原只是把土层流薄了,但还能长庄稼;而黑土一旦流失殆尽,将寸草不生。

东北黑土区是我国主要的商品粮基地,每年生产225亿～250亿千克的商品粮。近年来,由于自然因素制约和

人为活动破坏，东北黑土区水土流失日益严重，生态环境日趋恶化。现在，东北典型黑土区有水土流失面积 4.47 万平方千米，约占典型黑土区总面积的 26.3%。据调查，东北黑土区平均每年流失 0.3～1.0 厘米厚的黑土表层，土壤有机质以每年 1/1000 的速度递减，由于多年严重水土流失，黑土区原本较厚的黑土层现在只剩下 20～30 厘米，有的地方甚至已露出黄土母质，基本丧失了生产能力。据测算，黑土地现有的部分耕地再经过 40～50 年的流失，黑土层将全部流失。

# 沙漠探秘

沙漠是指沙质荒漠，地球陆地的1/3是沙漠。因为水很少，一般都认为沙漠荒凉无生命，有"荒沙"之称。和别的区域相比，沙漠中生命并不多，但是仔细看看，就会发现沙漠中藏着很多动物，尤其是晚上才出来活动的动物。

沙漠地域大多是沙滩或沙丘，沙下岩石也经常出现。泥土很稀薄，植物也很少。有些沙漠是盐滩，完全没有草木。沙漠一般是风成地貌。

沙漠里有时会有可贵的矿床，近代也发现了很多石油储藏。因为沙漠少有居民，所以资源开发也比较容易。沙漠气候干燥，但它却是考古学家的乐居，因为在那里可以找到很多人类的文物和更早的化石。

全世界陆地面积约为1.62亿平方千米，占地球总面积的30.3%，其中约1/3（4800万平方千米）是干旱、半干旱荒漠地，而且每年以6万平方千米的速度扩大着。而沙漠面积已占陆地总面积的10%，还有43%的土地正面临着沙漠化的威胁。

中国沙漠总面积约70万平方千米，如果将50多万平方千米的戈壁面积归为沙漠，那么沙漠总面积为128万平方千米，占全国陆地总面积的13%。中国西北干旱区是中国沙漠最为集中的地区，约占全国沙漠总面积的80%。我国主要沙漠有塔克拉玛干沙漠、古尔班通古特沙漠、巴丹吉林沙漠、腾格里沙漠以及库姆塔格沙漠等。

## 沙漠化 ❯

所谓沙漠化，即植被遭破坏之后，地表失去覆盖，在干旱气候和大风作用下，绿色原野逐步变成类似沙漠景观的过程。土地沙漠化主要出现在干旱和半干旱地区。形成沙漠的关键因素是气候，但是在沙漠的边缘地带，原生植被可能是草地，由于人为原因沙化了，这些人为的因素主要有以下几个方面：

### ⊠ 不合理的农垦

无论在沙漠地区或原生草原地区，一经开垦，土地即行沙化。我国在1958－1962年，片面地理解大办农业，在牧区、半农牧区及农区不加选择，乱加开荒，1966－1973年，又片面地强调以粮为纲，于是在牧区出现了滥垦草场的现象，致使草场沙化急剧发展。由于风蚀严重，沙荒地区开垦后，最初两年内单产尚可维持30千克左右，以后连种子都难以收回，只有弃耕，加开一片新地，这样导致"开荒一亩，沙化三亩"。据统计，仅鄂尔多斯地区开垦面积就达1.2万平方千米，造成1.2万平方千米草场不同程度的沙化。

### ☒ 过度放牧

由于牲畜过多，草原产草量供应不足，使很多优质草种长不到结种或种子成熟就被吃掉了。另外，像占牲畜总数一半以上的山羊，行动很快，善于剥食沙生灌木茎皮，刨食草根，再加上践踏，使草原产草量越来越少，形成沙化土地，造成恶性循环。

### ☒ 不合理的樵采

从历史上来讲，樵采是造成我国灌溉绿洲和旱地农业区流沙形成的重要因素之一。以伊克昭盟为例，据估计，五口之家年需烧柴700多千克，若采油蒿则每户需5000千克，约相当于0.03平方千米多固定、半固定沙丘所产大部分或全部油蒿。据统计，伊克昭盟仅樵采一项而使巴拉草场沙化的面积达0.2万平方千米。

67

晴空，万里无云，风力强劲，最大风力可达飓风程度。热带沙漠主要受到副热带高压笼罩，空气多下沉增温，抑止地表对流作用，难以致雨。若为高山阻隔、位处内陆或热带西岸，均可以形成荒漠。例如澳大利亚大陆内部的沙漠，就是因为海风抵达时已散失所有水分而形成的。有时，山的背风面也会形成沙漠。地面物质荒漠并非全是沙质地面，更常见为叠石地面或岩质地面，地面尚有湖和绿洲。

## 沙漠的气候 〉

沙漠地区，气候干燥，雨量稀少，年降水量在250毫米以下，有些沙漠地区的年降水量甚至在10毫米以下（如中国新疆的塔克拉玛干沙漠），但是偶然也有突然而来的大雨。沙漠地区的蒸发量很大，远远超过当地的降水量，空气的湿度偏低，相对湿度可低至5%。气候变化颇大，平均年温差一般超过30℃，绝对温度的差异，更往往在50℃以上，日温差变化极为显著，夏、秋季午间近地表温度可达60℃～80℃，夜间却可降至10℃以下。沙漠地区经常

## 沙漠分类 〉

　　大多沙漠分类是按照年降水量天数、降水量总额、温度、湿度来分类。地球上的干燥地区分为3类：特干地区是完全没有植物的地带（年降水量100毫米以下，全年无降雨、降雨无周期性），其面积占全球陆地的4.2%；干燥地区是指季节性地生长草但不生长树木的地带（蒸发量比降水量大，年降水量在250毫米以下），其面积占全球陆地的14.6%；半干地区有250～500毫米的年降水量，是可生长草和低矮树木的地带。特干和干燥区称为沙漠，半干地区命名为干草原。

　　但是满足干燥性标准的地区并非都是沙漠，如美国阿拉斯加州的布鲁克斯岭的北山坡一年有250毫米以下的降水量，但通常不认为是沙漠。

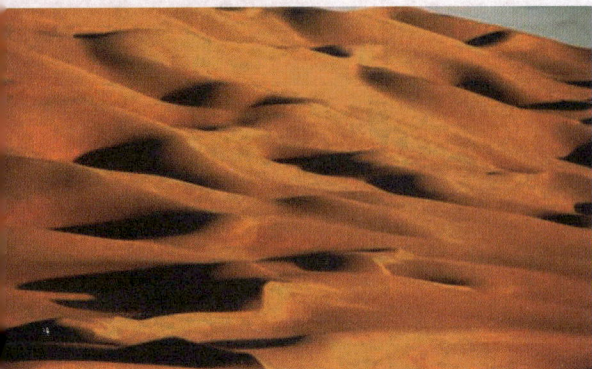

于纬度30°~50°。北美洲西南部的索诺兰沙漠和中国的腾格里沙漠都是中纬度沙漠。

### ⊠ 雨影沙漠

雨影沙漠是在高山边上的沙漠。因为山太高，造成雨影效应，在山的背风坡一侧形成沙漠。

### ⊠ 贸易风沙漠

贸易风（即信风）是从副热带高压散发出来向赤道低压区辐合的风，来自陆地的贸易风越吹越热。干燥的贸易风吹散云层，使得更多太阳光晒热大地。世界上最大的沙漠撒哈拉大沙漠主要形成原因就是干热的贸易风（当地称为哈马丹风）的作用，白天气温可以达到57℃。

### ⊠ 中纬度沙漠

中纬度沙漠（或称温带沙漠），位

### ⊠ 沿海沙漠

沿海沙漠一般在北回归线和南回归线附近的大陆西岸，因寒流流经，降温降湿，冬天起很大的雾，遮住太阳。沿海沙漠形成的原因有陆地影响、海洋影响和天气系统影响。南美的沿海沙漠阿塔卡马沙漠是世界上最干的沙漠，经常5~20年才会下一次超过1毫米的雨。

70

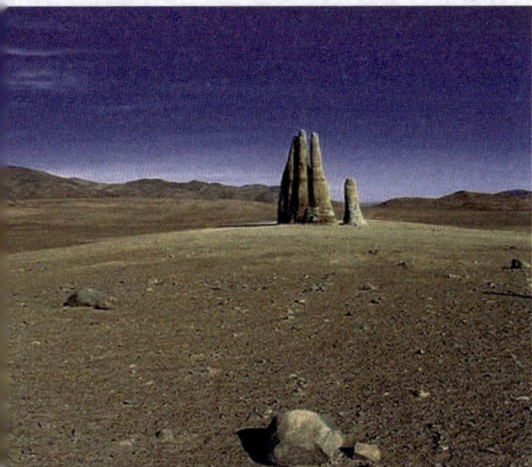

非洲的纳米比沙漠有很多新月形沙丘，经常刮大风。

## 古代沙漠

地质考古学家发现地球的气候变化很多，在地质史上有些时段比现在干燥。1.25 万年前，大约北纬 30° 一直到南纬 30° 的 10% 的陆地沙漠广布。1.8

万年前，这个区域的 50% 是沙漠，包括现在的热带雨林。

很多地方已经发现沙漠沉积的化石，最老的达到 5 亿年。在美国的内布拉斯加州的沙丘是西半球最大的古代沙海。它现在已经有 500 毫米的年均降水量，沙粒已经被植物稳住，但是还是可以看到高达 120 米的沙丘。非洲卡拉哈里沙漠也是一个古代沙漠。

## 盐碱沙漠

各种盐碱土都是在一定的自然条件下形成的，其形成的实质主要是各种易溶性盐类在地面进行水平方向与垂直方向的重新分配，从而使盐分在集盐地区的土壤表层逐渐积聚起来。如阿联酋国等。

## 外星沙漠

外星也有沙漠，火星是太阳系唯一发现有风力塑造地貌的非地球行星，火星上有沙丘。但是如果只看干燥度，几乎所有现在发现的外星天体都被"沙漠"覆盖。

## 沙漠的特点 ❯

### ⊠ 泥土

　　干燥地区的泥土有很多矿物质，很少有有机肥料。重复的水储积把有的土壤变成盐性层。盐溶液里沉淀的碳酸钙可以把沙粒和石子黏结成 50 米厚的"水泥"。

　　硝石层是沙漠土壤常见的红棕色到白色层。硝石层一般成块，或者裹在矿物颗粒外面，是在水和二氧化碳之间复杂的相互作用中形成的。二氧化碳来自植物根部，或者有机物腐烂的副产品。

### ⊠ 植物

　　多数沙漠植物是抗旱或抗盐的植物。有些在根、茎、叶里存水；有些具有庞大的根茎系统，可以达到地下水层，拦住土壤，防止水土流失；有些有较大的茎叶，可以减低风速，保存沙土。

　　沙漠上的植物分布比较稀薄，但是有很多品种。美国西南部的沙漠里的柱仙人掌可以活 200 年，长到 15 米，重 10 吨，成为沙漠里的树木。柱仙人掌成长很慢，9 年时间才成长 15 厘米左

右，75 年才分第一个枝。因为身躯庞大，看起来好像沙漠里有很多仙人掌。其实豌豆类和向日葵类植物也可以在干燥酷热地域生存。梭梭也是沙漠中独特的灌木植物，平均高达 2～3 米，有的可高达 5 米，被称为"沙漠植被之王"，寿命也可达百年以上。春季冰冷的沙漠里一般长草或灌木丛。

## ◙ 水源

沙漠里偶尔也会下雨，下起来常常是暴风雨。撒哈拉沙漠曾经有过在 3 个小时内降水 44 毫米的记录。这种时候，平常干的河道会很快充满水，容易引发洪水。

虽然沙漠内部少降雨，但沙漠常从附近高山流出的河流进水。这些河流一般挟带着很多土，在沙漠里流了一两天的时间水就干了。世界上只有几条大河流通沙漠，如埃及的尼罗河、中国的黄河和美国的科罗拉多河。

如果水足够，沙漠里会形成季节湖，一般较浅较咸。小湖干了之后会留下一片盐滩。在美国有上百个这样的盐滩，大多是 1.2 万年前冰河时期大湖的遗物，其中最著名的是犹他州的大盐湖。平平的盐滩是赛车、飞机跑道和宇航器降落的好地方。

### ⊠ 矿物储藏

有些矿物在干燥区域形成。地面的水溶解矿物质，然后把它集中在地下水面附近，成为容易开发的矿藏。

盐滩上有很多水蒸发之后留在表面的矿物质，如石膏、盐（包括硝酸钠、氯化钠和硼酸盐）。从硼砂和其他硼酸盐炼出来的硼，是玻璃、陶瓷、搪瓷、农业化学制品、软水剂和西药的一种基本成分。类似的还有砂金等。

南美的阿塔卡马沙漠出产很多硝酸钠盐，19世纪就有开采，用于炸药和肥料。第二次世界大战时期出产了300多万吨。美国、智利、秘鲁和伊朗出产铜矿。澳大利亚出产铁、铅、锌矿石。土耳其出产铬铁矿。澳大利亚和美国有金、银和铀矿藏。非金属物质铍、云母、黏土、轻石和金属渣也出现在干燥地区。世界上较大的石油储藏大多在沙漠地带，但是这些储藏并非因为干燥气候而成。在这些地区成为沙漠之前是浅海，石油为海底植物形成。

## 世界十大沙漠 >

### ⊠ 被雪覆盖的沙漠——塔克拉玛干沙漠

塔克拉玛干沙漠是世界上大型沙漠俱乐部成员之一，从面积上来看，它在众多非极地沙漠中位居第十五位。它位于塔里木盆地，沙漠覆盖面积约为 27 万平方千米。塔克拉玛干沙漠的北缘和南缘都有丝绸之路的支线穿过。

2008 年，这片"中国沙漠之最"经历了有史以来最大的降雪和最低的气温，雪连降了 11 天。整片沙漠都被冰雪覆盖，在沙漠中这样大规模的降雪还是非常罕见的。

### ⊠ 巴西的拉克依斯–马拉赫塞斯

巴西拥有世界上最大的热带雨林，全球 30% 的淡水资源都储备在这里。在这样一个国家居然有沙漠，实在令人

难以置信。拉克依斯 – 马拉赫塞斯国家公园位于巴西北部的马伦容州，占地面积 300 平方千米，公园内遍布雪白的沙丘和蓝湖，堪称世界一绝。

但为什么沙漠中又会出现深蓝的湖呢？这片沙漠与众不同之处就在它的降雨量，虽然貌似沙漠，但其年降雨量可达 1600 毫米，是撒哈拉沙漠的 300 倍，雨水注满了沙丘间的坑坑洼洼，形成清澈的蓝湖。在干旱季节，湖水被完全蒸发掉。而雨季过后，湖中却不乏各种各样的鱼类、龟和蛙类，好像它们一直就没有离开过似的。对此有两种假设：一种说法是，它们的蛋或卵就埋在沙子下面，雨季来了，就孵化而出；另一种说法，是"不辞辛苦"的鸟类将它们的蛋或是卵一趟趟地带过来的。

### ⊠ 最大的盐沙漠——玻利维亚的乌尤尼盐原

盐原可以算是玻利维亚的标志性景观了。位处高原之中，沙漠广阔且近乎平坦，与天空浑然一体。沙漠中，有几个湖，由于各种矿物质的作用，湖水呈现出奇怪的颜色。

4 万年以前，这片地区曾是史前巨湖——明清湖的一部分。之后，湖水干涸，剩下两个大咸水湖：普波湖与乌鲁乌鲁湖，以及两大盐沙漠，即乌尤尼盐原与科伊帕萨盐原，其中前者较大。从面积上看，乌尤尼盐原是美国博纳维尔盐滩的 25 倍。据估计，这里的盐储量约 100 亿吨，目前，每年的开采量不到 2.5 万吨。

### ⊠ 埃及的"白色沙漠"

到埃及法拉夫拉绿洲旅游，绝对不能错过的一大景观就是"白色沙漠"。沙漠位于法拉夫拉以北 45 千米处。这里的沙子呈牛奶一样的雪白色，和周围的黄色沙漠形成鲜明的对比。

### ⊠ 鲜花盛开的沙漠——智利的阿塔卡马沙漠

阿塔卡马沙漠位于南纬 29° 以北，占据了智利领土很大的一部分。沙漠位于安第斯山脉以西，并沿着南美大陆的太平洋海滨呈长条状。可是，到了南回归线靠近安托法加斯塔一带，海雾带来了大量的水分，为沙漠中的植物生长提供了必要条件。多亏了海雾和"储水"的本领，许多植物存活了下来，才会有鲜花开在这干旱的沙漠。在干旱的年份，为了生存、繁殖，植物的生长会被推迟。

### ⊠ 有大象的沙漠——纳米比亚的纳米比沙漠

纳米比沙漠位于非洲的南部，它没有北边的撒哈拉沙漠面积大，但是却令

80

人印象深刻。 已变成化石的远古树木屹立在纳米比沙漠的死亡谷中，它们背后是红色的沙丘。纳米比亚这个国家正是因纳米比沙漠而得名。纳米比沙漠位于南非的西海岸线上，即众所周知的"骷髅海岸"，这条荒凉的海岸线上到处都是失事船只。纳米比沙漠被认为是世界上最古老的沙漠，它还拥有全球最高的沙丘，其中一些竟然高达 300 米，这些沙丘环绕在索苏维来地区周围。

另外，如果够幸运的话，你能看到纳米比沙漠中的大象，纳米比沙漠是世界上唯一能够看到大象的沙漠。作为世界上古老的沙漠之一，纳米比沙漠地区有很多动物和植物的化石。多少年来，纳米比沙漠像磁石一样吸引着地质学家们，然而直到今天，人们对它依然知之甚少。

81

### ⊠ 红色的沙漠——澳大利亚辛普森沙漠

澳大利亚辛普森沙漠因其鲜艳的红色闻名于世。这里由于铁质物质的长期风化，使沙石裹上了一层氧化铁的外衣，于是，一望无垠的沙漠便成了一团火，在阳光照耀下显得壮丽异常。

## ◎ 埃及黑色沙漠——沙漠中的黑色石头

埃及的黑色沙漠位于法拉夫拉白色沙漠东北 100 千米远的地方，它所在的地区是火山喷发所形成的山地，那里到处都是黑色的小石头。不过这些石头的颜色并没有人们想象的那样黑，而是呈棕橙色。

## ◎ 世界上最大的沙漠——撒哈拉沙漠

撒哈拉沙漠面积约为 860 万平方千米，是世界上最大的沙漠，占据了北非大部分地区。大约有 400 万人居住在这里。撒哈拉覆盖了西撒哈拉、阿尔及利亚、利比亚、埃及、苏丹、乍得、马里以及毛里塔尼亚的大部分地区。

⊠ 最特殊的沙漠——最干燥却也是最
潮湿的"沙漠"

　　南极洲有着世界上最极端的气候，长
久以来，这片大陆一直无人居住，因为那
里实在太冷了。1983年，科学家记录下
了那里的极端低温：华氏零下129度（约
合摄氏零下89度）。南极洲是世界上最干
燥的地方，同时也是最"湿润"的，说它
湿润并不是因为其降水量大，而是因为它
98%的面积都被冰雪覆盖。南极洲每年的
降水量不足50毫米，因此它也可以称得
上是"沙漠"。

## 沙漠里的奇怪现象 〉

　　古人说："见怪不怪，其怪自败"，沙漠里的一切"怪异"现象，其实都是可以用科学的道理来说明的。

### ⊠ 沙漠里的海市蜃楼

　　在沙漠里，由于白天沙石被太阳晒得灼热，接近沙层的空气升高极快，形成下层热、上层冷的温度分布，造成下部空气密度比上层密度小的现象。这时前方景物的光线会由密度大的空气向密度小的空气折射，从而形成下现蜃景。远远望去，宛如水中倒影。在沙漠中长途跋涉的人，酷热干渴，看到下现蜃景，常会误认为已经到达清凉湖畔，但是，一阵风沙卷过，仍是一望无际的沙漠，这种景象只是一场幻景。

## ⊠ 碎石圈

　　碎石圈是一块大石头经过数百年热胀冷缩，一次次碎裂和自然风化后，在地上形成了一片圆形的碎石圈的现象，非常像人为排列的作品，实际上是自然形成的。

## ⊠ 鸣沙

在现在宁夏回族自治区中卫县靠黄河有一个地方名叫鸣沙山，即在今沙坡头，科学院和铁道部等相关部门在此设有一个治沙站。站后面便是腾格里沙漠。沙漠在此处已紧逼黄河河岸，沙丘高约 100 米，沙坡面南坐北，中呈凹形，有很多泉水涌出，此沙向来是人们崇拜的对象，据说，每逢夏季端午节，男男女女便在山上聚会，然后纷纷顺着山坡翻滚下来。这时候沙便发生轰隆的巨响，像打雷一样。据前苏联专家彼得洛夫的解释，只要沙漠表面的沙子是细沙而且干燥，含有大部分石英，被太阳晒得火热后，经风的吹拂或人、马的走动，沙粒移动摩擦起来便会发出声音，这便是鸣沙。

## 中国最美的沙漠 〉

### ⊠ 沙坡头

　　因保护铁路的治沙工程而无意成就了今天宁夏旅游的王牌景区——沙坡头。金色沙海翻起了绿色波浪，集大漠、黄河、绿洲为一体。沙为河骨，河为沙魂，沙与河相互依存，尽显大自然之伟大、和谐。

### ⊠ 鸣沙山与月牙泉

　　鸣沙山因声扬名，沙软圆滑，若临顶，浩瀚沙海万顷金波，快意非凡。沙山下月牙泉，梦一般的谜，沙泉共生，在茫茫大漠中有此一泉，令人惊叹！

### ⊠ 内蒙古响沙湾

　　一个沙的海洋，一个只有天空和沙漠的世界，每一块沙土都似乎被艺术家制作

90

得很艺术、很灵动，使之散发出迷人的魅力。响沙的现象勾起了人类无限的遐思。

## ☒ 宁夏沙湖

宁夏沙湖是沙还是湖？沙在湖中，湖在沙中，是沙亦是湖，是湖亦是沙，实则南沙北湖，沙水相依，浑然天成。沙水平和地依偎，仿佛是相守千年的恋人，没有波澜壮阔的激情，一切只在默默无言的守护中。

## ☒ 内蒙古库布齐

内蒙古库布齐，展示的是原汁原味的大漠风光。用心感受，就能发现蕴藏沙海深处的美，纯净的沙子既没有顽石也没有杂尘，只有最单纯的生命赞歌，无数的故事都在讲述着6个字：穿越它！征服它！

## 沙漠的其他释义

　　"绿色沙漠"是指大面积的绿色树林，其中树木种类单一，年龄和高矮一致，且十分密集。密集单一的树冠层完全遮挡了阳光，使下层植被无法生长，林下缺乏中间的灌木层和地面的植被。之所以称之为"沙漠"，一是指这样的树林中植物种类极为单一，无法给多种动物提供食物或适宜的栖息环境，因而动物种类也十分稀少；二是指这样的树林地表植被很差，因而保持水的能力很差，一般比较干燥，易形成火灾；三是指这样的树林生物多样性水平极低，因而生态十分脆弱，缺少天敌对虫害的控制，容易感染虫害，而且一旦发生虫害，极易造成大面积损害。

　　热荒漠与冷荒漠：热荒漠就是地处热带地区的荒漠，主要由于太阳辐射强烈，蒸发剧烈，长期受到干燥的季风控制而形成的荒漠。与此不同的是冷荒漠，冷荒漠因为在较为寒冷的地带而得名，冷荒漠的形成主要因为大陆性气候控制的地区降水量极少，长期受到干冷的季风控制。而冷荒漠地面上都是大大小小的石块，这是由于荒漠的气温变化剧烈，而且经过强烈的风化作用，岩石由大变小，甚至变成碎块。

# ● 地球之肾——湿地

湿地指天然或人工形成的沼泽地等带有静止或流动水体的成片浅水区。湿地生态系统中生存着大量动植物，很多湿地被列为自然保护区。

湿地覆盖地球表面仅有6%，却为地球上20%的已知物种提供了生存环境，因此享有"地球之肾"的美誉。

## 湿地 ⟩

由于湿地和水域、陆地之间没有明显边界，加上不同学科对湿地的研究重点不同，造成湿地的定义一直存在分歧。湿地这一概念在狭义上一般被认为是陆地与水域之间的过渡地带；广义上则被定义为包括沼泽、滩涂、低潮时水深不超过6米的浅海区、河流、湖泊、水库、稻田等。《国际湿地公约》对湿地的定义是广义定义，这一定义包含狭义湿地的区域，有利于将狭义湿地及附近的水体、陆地形成一个整体，便于保护和管理。

湿地的研究活动则往往采用狭义定义。美国鱼类和野生生物保护机构于1979年在《美国的湿地深水栖息地的分类》一文中，重新给湿地的定义为陆地和水域的交汇处，水位接近或处于地表面，或有浅层积水，至少有以下特征：至少周期性地以水生植物为植物优势种；底层土主要是湿土；在每年的生长季节，底层有时被水淹没。定义还指湖泊与湿地以低水位时，水深2米处为界。按照这个湿地定义，世界湿地可以分成20多个类型，这个定义目前被许多国家的湿地研究者接受。按《国际湿地公约》定义，湿地系

指不问其为天然或人工、常久或暂时之沼泽地、湿原、泥炭地或水域地带，带有或静止或流动、或为淡水、半咸水或咸水水体者，包括低潮时水深不超过6米的水域。潮湿或浅积水地带发育成水生生物群和水成土壤的地理综合体。是陆地、流水、静水、河口和海洋系统中各种沼生、湿生区域的总称。

按照广义定义湿地覆盖地球表面仅有6%，却为地球上20%的已知物种提供了生存环境，具有不可替代的生态功能，因此享有"地球之肾"的美誉。

中国湿地面积占世界湿地的10%，位居亚洲第一位，世界第四位。在中国境内，从寒温带到热带、从沿海到内陆、从平原到高原山区都有湿地分布，一个地区内常常有多种湿地类型，一种湿地类型又常常分布于多个地区。中国1992年加入《湿地公约》，国家林业局专门成立了"湿地公约履约办公室"，负责推动湿地保护和执行工作。截至2009年11月，列入国际重要湿地名录的湿地已达37处。其实中国独特的湿地何止37处，许多湿地因为"养在深闺人未识"，至今仍无人问津。

## 湿地的功能 〉

湿地的功能是多方面的，它可作为直接利用的水源或补充地下水，又能有效控制洪水和防止土壤沙化，还能滞留沉积物、有毒物、营养物质，从而改善环境污染；它能以有机质的形式储存碳元素，减少温室效应，保护海岸不受风浪侵蚀，提供清洁方便的运输方式……它因有如此众多而有益的功能而被人们称为"地球之肾"。湿地还是众多植物、动物特别是水禽生长的乐园，同时又向人类提供食物（水产品、禽畜产品、谷物）、能源（水能、泥炭、薪柴）、原材料（芦苇、木材、药用植物）和旅游场所，是人类赖以生存和持续发展的重要基础。

⊠ 物质生产

湿地具有强大的物质生产功能，它蕴藏着丰富的动、植物资源。七里海沼泽湿地是天津沿海地区的重要饵料基地和初级生产力来源。据初步调查，七里海沼泽湿地在 20 世纪 70 年代以前，有水生、湿生植物群落 100 多种，其中有生态价值的约 40 种，哺乳动物约 10 种，鱼蟹类约 30 种。芦苇作为七里海沼泽湿地最典型的植物，苇地面积达 71.86 平方千米，具有很高的经济价值和生态价值，不仅是重要的造纸工业原料，又是农业、盐业、渔业、养殖业、编织业的重要生产资料，还能起到防风抗洪、改善环境、改良土壤、净化水质、防治污染、调节生态平衡的作用。另外，七里海沼泽湿地可利用水面约 7 平方千米，年产河蟹 2000 吨，是著名的七里海河蟹的产地。

## ⊠ 大气调节

湿地内丰富的植物群落，能够吸收大量的二氧化碳气体，并放出氧气，湿地中的一些植物还具有吸收空气中有害气体的功能，能有效调节大气成分。但同时也必须注意到，湿地生境也会排放出甲烷、氨气等温室气体。沼泽有很大的生物生产效能，植物在有机质形成过程中，不断吸收二氧化碳和其他气体，特别是一些有害的气体。沼泽地上的氧气则很少消耗于死亡植物残体的分解。沼泽还能吸收空气中粉尘及携带的各种细菌，从而起到净化空气的作用。另外，沼泽堆积物具有很大的吸附能力，污水或含重金属的工业废水，通过沼泽能吸附金属离子和有害成分。

## ⊠ 水分调节

湿地在蓄水、调节河川径流、补给地下水和维持区域水平衡中发挥着重要作用，是蓄水防洪的天然"海绵"，可分配不均的降水，通过湿地的吞吐调节，避免水旱灾害。七里海沼泽湿地是天津滨海平原重要的蓄滞洪区，安全蓄洪深度3.5～4米。

沼泽湿地具有湿润气候、净化环境的功能，是生态系统的重要组成部分。其大部分发育在负地貌类型中，长期积水，生长了茂密的植物，其下根茎交织，残体堆积。潜育沼泽一般也有几十厘米的草根层。草根层疏松多孔，具有很强的持水能力，它能保持大于

本身绝对干重 3～15 倍的水量。不仅能储蓄大量水分,还能通过植物蒸腾和水分蒸发,把水分源源不断地送回大气中,从而增加了空气湿度,调节降水,在水的自然循环中起着良好的作用。据实验研究数据显示,0.01 平方千米的沼泽在生长季节可蒸发掉 7415 吨水分,可见其调节气候的巨大功能。

## ⊠ 净化

沼泽湿地像天然的过滤器,它有助于减缓水流的速度,当含有毒物和杂质(农药、生活污水和工业排放物)的流水经过湿地时,流速减慢有利于毒物和杂质的沉淀和排除。一些湿地植物能有效地吸收水中的有毒物质,净化水质。

沼泽湿地能够分解、净化环境,起到"排毒""解毒"的功能,因此被人们喻为"地球之肾"。假如没有了湿地,好比一个人没有了肾脏。

如氮、磷、钾及其他一些有机物质,通过复杂的物理、化学变化被生物体贮存起来,或者通过生物的转移(如收割

植物、捕鱼等)等途径,永久地脱离湿地,参与更大范围的循环。

沼泽湿地中有相当一部分的水生植物包括挺水性、浮水性和沉水性的植物,具有很强的清除毒物的能力,是毒物的克星。据测定,在湿地植物组织内富集的重金属浓度比周围水中的浓度高出 10 万倍以上。正因为如此,人们常常利用湿地植物的这一生态功能来净化污染物中的病毒,有效地清除了污水中的"毒素",达到净化水质的目的。

例如,水浮莲、香蒲和芦苇等被广泛地用来处理污水,用来吸收污水中浓度很高的重金属镉、铜、锌等。在美国的佛罗里达州,有人做过如下试验,将废水排入河流之前,先让它流经一片柏树沼泽地(湿地中的一种),经过测定发现,大约有 98% 的氮和 97% 的磷被净化排除了,湿地惊人的清除污染物的能力由此可见一斑。印度卡尔库塔市没有一座污水处理厂,该城市所有的生活污水都被排入东郊的一个经过改造的湿地复合体中。这些污水被用来养鱼,鱼产量每年每公顷可达 2.4 吨;也用来灌溉稻田,每公顷年产水稻 2 吨左右。另外,该城市还在倾倒固体垃圾的地方种植蔬菜,并用这些污水来浇灌。大量的营养物以食物形式从污水中排除出去。卡尔库塔城东的湿地成为一个如此低费用处理生活污水并能同时获得食物的世界性典范。

## ⊠ 提供动物栖息地

　　湿地复杂多样的植物群落，为野生动物，尤其是一些珍稀或濒危野生动物提供了良好的栖息地，湿地是鸟类、两栖类动物的繁殖、栖息、迁徙、越冬的场所。

　　沼泽湿地特殊的自然环境虽有利于一些植物的生长，却不是哺乳动物种群的理想家园，只是鸟类能在这里获得特殊的享受。因为水草丛生的沼泽环境，为各种鸟类提供了丰富的食物来源和营巢、避敌的良好条件。

　　在湿地内常年栖息和出没的鸟类有天鹅、白鹤、鹈鹕、大雁、白鹭、苍鹰、浮鸥、银鸥、燕鸥、苇莺、椋鸟等约 200 种。

## ⊠ 调节局部小气候

　　湿地水分通过蒸发成为水蒸气，然后又以降水的形式降到周围地区，保持当地的湿度和降水量。

## 湿地公益 ＞

　　湿地国际联盟（WIUN）、联合国教科文组织（UNESCO）、联合国环境署（UNEP）、联合国开发计划署（UNDP）、国际湖泊环境委员会（ILEC）、全球环境基金（GEF）、世界文化遗产基金会（WMF）等多个国际组织及公益基金与中国湿地联盟（WAP公益保护组织）、中湿绿联国际循环经济研究中心等在全球开展湿地生态保护、世界遗产保护及环境教育等。目前，中国湿地联盟已经在中国及亚太地区受理和评估所需保护规划的湿地项目，社会个人及当地湿地都可向中国湿地联盟提出"公益保护"，国际组织各方代表们与公益投资保护专家曾德才先生已对多个区域性湿地保护提供项目评估与国际公益基金的配套保护。

　　中国湿地联盟正开展区域性及地方"湿地保护申请"的受理中。目前该保护联盟正在对多个"受威胁"和"正在消失"的湿地开展公益投、融资服务，负责旅游、生态人居、环境教育、国际生态经济圈计划、数字低碳旅游经济（电子低碳门票系统）等保护研究与规划工作。

> ## "世界湿地日"

为了提高人们保护湿地的意识，1996年3月《湿地公约》常务委员会第19次会议决定，从1997年起，将每年的2月2日定为"世界湿地日"。每年开展纪念活动，每年有一个主题。从1997年以来历年"世界湿地日"的主题如下：

1997年"世界湿地日"的主题：湿地是生命之源

1998年"世界湿地日"的主题：湿地之水，水之湿地

1999年"世界湿地日"的主题：人与湿地，息息相关

2000年"世界湿地日"的主题：珍惜我们共同的国际重要湿地

2001年"世界湿地日"的主题：湿地世界——有待探索的世界

2002年"世界湿地日"的主题：湿地：水、生命和文化

2003 年"世界湿地日"的主题：没有湿地就没有水

2004 年"世界湿地日"的主题：从高山到海洋，湿地在为人类服务

2005 年"世界湿地日"的主题：湿地生物多样性和文化多样性

2006 年"世界湿地日"的主题：湿地与减贫

2007 年"世界湿地日"的主题：湿地与鱼类

2008 年"世界湿地日"的主题：健康的湿地，健康的人类

2009 年"世界湿地日"的主题：从上游到下游，湿地连着你和我

2010 年"世界湿地日"的主题：湿地、生物多样性与气候变化

2011 年"世界湿地日"的主题：湿地与森林

### 湿地的人为破坏 ❯

近年来由于湿地围垦、生物资源的过度利用、湿地环境污染、湿地水资源过度利用、大江大河流域水利工程建设、泥沙淤积、海岸侵蚀与破坏、城市建设与旅游业的盲目发展等因素导致湿地生态系统退化，造成湿地面积缩小、水质下降、水资源减少甚至枯竭、生物多样性降低、湿地功能降低甚至丧失。因此迫切需要对湿地进行保护、恢复和重建。湿地保护主要依靠立法，并建立自然保护区。我国自1992年加入《湿地公约》后，在全球环境基金、世界银行、世界自然基金会和联合国环境保护署等国际组织的支持下，开展了一系列

## ⊠ 破坏因素

近几百年来，湿地遭到了严重破坏。虽说湿地干涸是自然进程的必然结果，但当前不少湿地的迅速消失与人类不合理的经济活动有重大联系。

1. 土壤破坏是破坏湿地的一大因素。人类不合理使用土地，导致了土壤的酸化与其他形式的污染，这严重破坏了湿地内的生态环境。

2. 环境破坏，比如水污染、空气污染，这一类污染造成了水体营养化、石油泄漏污染等重大破坏，导致成千上万的水生物及鸟类的死亡。

3. 围湖、围海造田。这一类经济活动会直接地减少湿地面积，比如我国洞庭湖。当今的洞庭湖面积与几百年前的形成鲜明对比。

4. 河流改道这一类工程虽说对农业生产作出了巨大的贡献，也对防洪工作起到了巨大作用，但影响了河流对湿地的水量补给作用。比如我国的一些河流截弯取直工程，就破坏了一些湖泊。

提高履约能力的全国性工作，编制了《中国湿地保护行动计划》、成立湿地国际—中国项目办公室、组织申报国际重要湿地等。到2007年底，我国共建立各类自然保持区2531个，其中有7处湿地被列入《湿地公约》国际重要湿地名录。

# ● 悠悠绿洲

**绿**洲大都出现在背靠高山的地方。每当夏季来临，高山上的冰雪消融，雪水汇成了河流，流入沙漠的低谷，就形成了地下水。地下水流到沙漠的低洼地带时，就会涌出地面，形成湖泊。由于地下水滋润了沙漠，植物、草丛开始慢慢生长繁衍，就形成了沙漠中的绿洲。绿洲对于沙漠地区的生活是非常重要的，是食物与水的补给站。

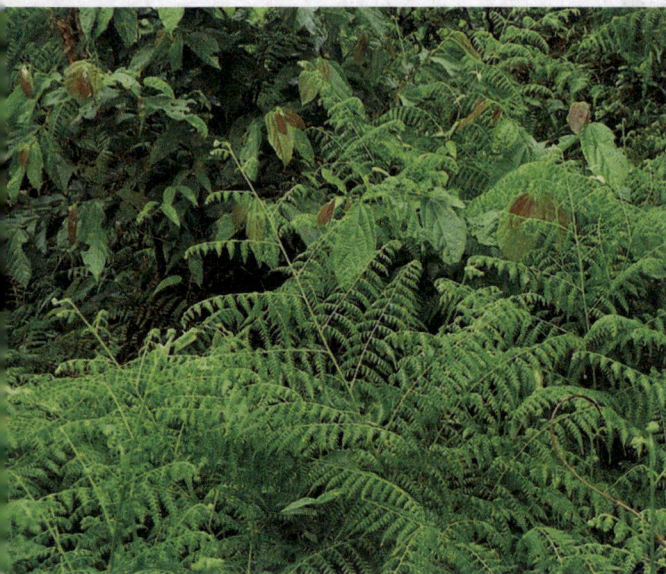

## 草地概述 ＞

草地是生长草本和灌木植物为主并适宜发展畜牧业生产的土地。它具有特有的生态系统，是一种可更新的自然资源。世界草地面积约占陆地总面积的20%，是发展草地畜牧业的最基本的生产资料和基地。

按土地利用类型划分，主要用于牧业生产的地区或自然界各类草原、草甸、稀树草原等统称为草地。草地多年生长草本植物，可供放养或割草饲养牲畜。世界的草地主要分布在各大陆内部气候干燥、降水较少的地区。我国各类草地面积达400万平方千米，约占全国总面积的23.5%。

在这些土地上,生产了供人类食用的11.5%的食物,以及大量的皮、毛等畜产品,还生长许多药用植物、纤维植物和油料植物,栖息着大量的野生动物。

人类最初只是利用天然草地,由游牧到定居放牧,逐渐发展畜牧经济。后来,学会了开垦草地,发展种植业和畜牧业。在漫长的封建社会,由于人口增加和生产力的发展,不断扩大放牧和开垦,以及战争和自然灾害的破坏,草地资源逐渐减少。许多国家在进入资本主义社会后,市场对畜产品的需求日益增长,促进了畜牧业经济的迅速发展,同时由于掠夺性经营和滥垦,使草地资源受到严重破坏,很多地区出现了生态危机,灾害频繁。中国在20世纪六七十年代也有盲目大量开垦草地、过度放牧的现象。

世界草地资源按其地理分布和组成划分,有温带草原和热带草原两大类。温带草原分布在南北半球的中纬度地带,包括亚欧大陆草原、北美大陆草原等。它的特点是低温少雨,草群低矮,地上高度不超过1米,以耐寒旱生禾本科草为主。热带草原分布在低纬度地区,包括非洲、大洋洲及南美洲的部分草原。它的特点是高温多雨,旱湿季明显,旱季长到5～6个月,植物以旱生草类为主,草丛高大,地上高度达2～3米,并混杂生长耐旱灌木和非常稀疏的乔木,被称为"稀树草原"。

20世纪70年代,全世界尚保留用于畜牧业的草地约为3160万平方千米,非洲占25%,亚洲占19.4%,大洋洲占14.9%,南美洲占14.4%,北美和中美各占11.3%,欧洲占2.9%。各洲草地面积占土地面积的比重:大洋洲是55.3%,非洲是26.4%,南美洲是25.6%,亚洲是22.6%,欧洲和北美各占16%。平均每人占有草地面积,最多的是澳大利亚为0.31平方千米,其次是阿根廷0.053平方千米,其他比较多的国家有新西兰0.045平方千米、马里0.043平方千米、南非0.028平方千米、美国、墨西哥、智利等国0.001～0.027平方千米。

中国草地约有400万平方千米,其中可利用的约280万平方千米,分为牧区草原和农区草山草滩两大部分。牧区草原313万平方千米,可利用的220万平方千米,主要分布于西北、东北、西南10省、区的266个牧区县和半牧业县;

农区草山草滩87万平方千米，可利用的60万平方千米，主要分布于南方各省和北方黄土高原地区。牧区草原有草甸、干旱、荒漠与半荒漠3种基本草地类型；农区草山草滩有温带、亚热带、热带灌丛草丛、落叶与常绿阔叶林草地等基本类型。如按质量分，优等占20%、中等占50%、劣等占30%。分布在各类草地的牧场资源有5000多种，其中豆科139属1130种；禾本科190属1150种。已用于人工栽培的牧草有100多种。草地上的家畜资源有牛、羊、马、骆驼等，野生珍稀动物有野牛、野马、野骆驼、羚羊、鹿、獐、狐、貂、鹰、鹫等。

中国草地资源按自然条件、利用现状和发展方向可分为：蒙新高原草原区，有可利用草地106万平方千米，是发展细毛羊、半细毛羊、羔皮羊、绒山羊、马、肉牛和双峰驼的基地；东北草原区，有可利用草地13万平方千米，是发展奶牛、肉牛、细毛羊、半细毛羊和绒山羊的基地；青藏高原草原区，有可利用草地106万平方千米，是发展牦牛、绵羊、马等高原型家畜的基地；黄土高原草山区，有可利用草地13万平方千米，是发展奶山羊、滩羊、秦川牛、关中驴的基地；西南山地草山区，有可利用草地27万平方千米，是发展奶牛、肉牛、半细毛羊的基地；东南丘陵草山区，有可利用草地13万平方千米，是发展水牛、奶牛、肉牛、山羊的基地；黄淮平原沿海草滩区，有可利用草地3.33万平方千米，是发展肉牛、奶牛、细毛羊、半细毛羊的基地。

## 天然草地

天然草地指植被自然生长未经改良的草地。天然草地植物群落、植物种类多，类型结构复杂，植被较稳定，饲料资源丰富，但生产力较低。多供作放牧家畜和刈草用，是草地畜牧业的生产基地。分布广泛且面积大，全世界3050万平方千米草地中，绝大部分为天然草地。中国400万平方千米草地中，95%为天然草地，包括北方大面积草原、南方草山草坡、农区边隙地、沿海滩涂草地。

## ◎ 永久草地

永久草地是植被稳定可长期利用的草地，一般利用年限为 10 年以上，包括天然草地、人工草地和改良草地。植被由可利用多年而生长不衰的多年生牧草或自繁自生的一年生牧草组成。结构较复杂，植物种类较多，牧草抗逆性强，耐刈、耐牧。土壤、气候等环境条件较优越。要保持草地持久、高产的生产力，须加强培育措施，采用合理的放牧或刈草制度。

## ◎ 次生草地

次生草地是在森林砍伐后，自然演替形成草本植物群落为主的草地。在中国南方，草山、草坡多为次生的灌草丛草地。采伐迹地土壤有一定厚度、较充足的水分和养分，草本植物和小灌木可

迅速生长，形成次生植物群落。常绿阔叶林群落，在自然状态下，是稳定的地带性顶级群落，采伐后，先形成铁芒箕、蜈蚣草、白茅或扭黄茅为主的低草群落，而后逐步发展形成由芒、野古草、菅、蕨为主的高草群落。高草群落中混生桦木、白檀、金樱子等灌木，自然形成乌药、木幽木、杜鹃、乌饭树等灌木丛。次生草地产草量高，但品质较差，不耐牧，易发生演替退化，加强培育才能维持草地生产力和持久利用。

## ◎ 林间草地

零星分布在郁闭度 0.3～0.6 的森林中或林缘的草地称为林间草地。林间草地的植物种类繁多，植被类型复杂，以中生或中旱生草本植物为主。植株较高大，产量高，品质好，豆科牧草比例大（占 8%），具有蔽荫、防风、冬春御寒的条件，适于放牧各种家畜，尤宜放牧牛和鹿。林缘草地亦宜作割草场，

是发展草食家畜的重要基地。中龄以上森林放牧家畜，对树木无伤害并可防火，但应严格控制放牧时间和载畜量。根据草丛分布状况，林间草地分3种类型：草丛与树木相间生长，树木散生；林中呈片状分布的草地，多为次生草地；林中块状隙地草丛，亦是林中草食动物的栖息地，草地水热条件好，气候湿润，土壤肥沃。

## ⊠ 人工草地

在牧区和农区由人工种植的、用于放牧牲畜或割草、植被覆盖度在5%以上的草原、草坡、草山等，即人工种植牧草的草地，称为人工草地，包括人工培植用于牧业的灌木，是根据牧草的生物学、生态学和群落结构的特点，有计划地将一部分草地开垦后，因地制宜地播种牧草而建立的。依利用方法，人工草地又可以分为割草地、放牧地和种子田3种。人工草地为中国土地利用现状分类系统中的二级类型地之一。中国的人工草地面积较小，1990年全国只有6.08万平方千米，仅为全国天然草地面积的1.5%，随后有所增长，到20世纪90年代中期人工草地占到全国草地面积的2%，但是面积仍然偏小，草地畜牧业的发展仍然缺乏高产优质人工草地的支撑。草地畜牧业发达国家的经验是人工草地面积占天然草地面积的10%，畜牧业生产力比完全依靠天然草地增加1倍以上。

## 林地概述 ❯

林地是指成片的天然林、次生林和人工林覆盖的土地，包括用材林、经济林、薪炭林和防护林等各种林木的成林、幼林和苗圃等所占用的土地，不包括农业生产中的果园、桑园和茶园等的占地。在《中华人民共和国森林法》中，对林地所作的解释是："林地包括郁闭度0.2以上的乔木林地竹林地，灌木林地疏林地，采伐迹地，火烧迹地，未成林造林地，苗圃地和县级以上人民政府规划的宜林地。"

按土地利用类型划分，林地是指生长乔木、竹类、灌木、沿海红树林的土地，不包括居民绿化用地，以及铁路、公路、河流沟渠的护路、护草林。

林地又分为有林地、灌木林、疏林地、未成林造林地、迹地和苗圃6个二级地类。

主要用于林业生产的地区或天然林区统称为林地。世界的天然林区主要分布在热带雨林带和亚寒带针叶林带，以及中、低纬度的山区。据1992年统计，世界森林面积为0.386亿平方千米，森林覆盖率约为30%。我国宜林地面积约占全国土地面积的25%以上。1994年底我国森林覆盖率为13.9%。

111

# 土壤污染

凡是妨碍土壤正常功能，降低作物产量和质量，还通过粮食、蔬菜、水果等间接影响人体健康的物质，都叫作土壤污染物。近年来，由于人口急剧增长，工业迅猛发展，固体废物不断向土壤表面堆放和倾倒，有害废水不断向土壤中渗透，大气中的有害气体及飘尘也不断随雨水降落在土壤中，导致了土壤污染。

土壤污染物的来源广、种类多，大致可分为无机污染物和有机污染物两大类。无机污染物主要包括酸、碱、重金属（铜、汞、铬、镉、镍、铅等）、盐类、放射性元素铯和锶的化合物，含砷、硒、氟的化合物等。有机污染物主要包括有机农药、酚类、氰化物、石油、合成洗涤剂等以及由城市污水、污泥及厩肥带来的有害微生物等。

当土壤中含有害物质过多，超过土壤的自净能力，就会引起土壤的组成、结构和功能发生变化，微生物活动受到抑制，有害物质或其分解产物在土壤中逐渐积累，通过"土壤→植物→人体"，或通过"土壤→水→人体"，间接被人体吸收，达到危害人体健康的程度，就是土壤污染。

## 我国土壤污染的现状 >

目前我国受镉、砷、铬、铅等重金属污染的耕地面积近 20 万平方千米，约占总耕地面积的20%，其中工业"三废"污染耕地 10 万平方千米，污水灌溉的农田面积已达 3.3 万平方千米。例如：某省曾对 47 个县和郊区的 2.59 万平方千米耕地（占全省耕地面积的40%）进行过调查。其结果表明，75% 的县已受到不同程度的重金属污染的潜在威胁，而且污染趋势仍在加重。

污水灌溉等废弃物对农田已造成大面积的土壤污染。如沈阳张士灌区用污水灌溉 20 多年后，污染耕地 25 平方千米，造成了严重的镉污染。天津近郊因污水灌溉导致 230 平方千米农田受到污染。广州近郊因为污水灌溉而污染农田 27 平方千米，因施用含污染物的底泥造成 13.3 平方千米的土壤被污染，污染面积占郊区耕地面积的 46%。20世纪80年代中期对北京某污灌区进行的抽样调查表明，大约 60% 的土壤和 36% 的糙米存在污染问题。

另一方面，全国有13万～16万平方千米耕地受到农药的污染。除耕地污染之外，我国的工矿区、城市也还存在土壤（或土地）污染问题。

## 土壤污染的危害 >

土壤污染导致严重的直接经济损失——农作物的污染、减产。对于各种土壤污染造成的经济损失，目前尚缺乏系统的调查资料。仅以土壤重金属污染为例，全国每年就因重金属污染而减产粮食1000多万吨，另外被重金属污染的粮食每年也多达1200万吨，合计经济损失至少200亿元。

土壤污染导致生物品质不断下降。我国大多数城市近郊土壤都受到了不同程度的污染，有许多地方粮食、蔬菜、水果等食物中镉、铬、砷、铅等重金属含量超标或接近临界值。

土壤污染除影响食物的卫生品质外，也明显地影响到农作物的其他品质。有些地区污水灌溉已经使得蔬菜的味道变差，易烂，甚至出现难闻的异味，农产品的储藏品质和加工品质也不能满足深加工的要求。

土壤污染危害人体健康。土壤污染会使污染物在植（作）物体中积累，并通过食物链聚集到人体和动物体中，危害人畜健康，引发癌症和其他疾病等。

土壤污染导致其他环境问题。土地受到污染后，含重金属浓度较高的污染表土容易在风力和水力的作用下分别进入到大气和水体中，导致大气污染、地表水污染、地下水污染和生态系统退化等其他次生生态环境问题。

当土壤被病原体、有毒化学物质和放射性物质污染后，便能传播疾病，引起中毒和诱发癌症。被病原体污染的土壤能传播伤寒、副伤寒、痢疾、病毒性肝炎等传染病。因土壤污染而传播的寄生虫病有蛔虫病和钩虫病等。人与土壤直接接触，或生吃被污染的蔬菜、瓜果，就容易感染这些寄生虫病。土壤对传播这些寄生虫病起着特殊的作用，因为在这些蠕虫的生活史中，有一个阶段必须在土壤中度过。例如，蛔虫卵一定要在土壤中发育成熟，钩虫卵一定要在土壤中孵出钩蚴才有感染性等。

结核病人的痰液含有大量结核杆菌，如果随地吐痰，就会污染土壤，水分蒸发后，结核杆菌在干燥而细小的土壤颗粒上还能生存很长时间，这些带菌的土壤颗粒随风进入空气，人通过呼吸，就会感染结核病。

有些人畜共患的传染病或与动物有关的疾病，也可通过土壤传染给人。例如，患钩端螺旋体病的牛、羊、猪、马等，可通过粪便、尿液中的病原体污染土壤，这些钩端螺旋体在中性或弱碱性的土壤中能存活几个星期，并可通过黏膜、伤口或被浸软的皮肤侵入人体，使人致病。炭疽杆菌芽孢在土壤中能存活几年甚至几十年，破伤风杆菌、气性坏疽杆菌、肉毒杆菌等病原体，也能形成芽孢，长期在土壤中生存。破伤风杆菌、气性坏疽杆菌来自感染的动物粪便，特别是马粪。人们受外伤后，伤口被泥土污染，特别是深的穿刺伤口，很容易感染破伤风或气性坏疽病。此外，被有机废弃物污染的土壤，是蚊、蝇滋生和鼠类繁殖的场所，而蚊、蝇和鼠类又是许多传染病的媒介，因此，被有机废物污染的土壤，在流行病学上被视为特别危险的物质。

土壤被有毒化学物污染后，对人体的影响大都是间接的，主要是通过农作物、地面水或地下水对人体产生影响。在生产过磷酸钙工厂的周围，土壤中砷和氟的含量显著增高。铅、锌冶炼厂周围的土壤，不仅受到铅、锌、镉的严重污染，而且还受到含硫物质所形成的硫酸的严重污染。任意堆放的含毒废渣以及被农药等有毒化学物质污染的土壤，通过雨水的冲刷、携带和下渗，会污染水源。人、畜通过饮水和食物可引起中毒。

土壤被放射性物质污染后，通过放射性衰变，能产生 α、β、γ 射线，这些射线能穿透人体组织，使机体的一些组织细胞死亡。这些射线对机体既可造成外照射损伤，又可通过饮食或呼吸进入人体，造成内照射损伤，使受害者头昏、疲乏无力、脱发、白细胞减少或增多，发生癌变等。

20世纪70年代以来，通过对致癌物质的研究，还发现许多工业城市及其近郊的土壤中含有致癌物质。

被有机废弃物污染的土壤还容易腐败分解，散发出恶臭，污染空气，有机废弃物或有毒化学物质又能阻塞土壤孔隙，破坏土壤结构，影响土壤的自净能力，有时还能使土壤处于潮湿污秽状态，影响居民健康。

## 土壤污染的特点 〉

土壤污染具有隐蔽性和滞后性。大气污染、水污染和废弃物污染等问题一般都比较直观，通过感官就能发现。而土壤污染则不同，它往往要通过对土壤样品进行分析化验和农作物的残留检测，甚至通过研究对人畜健康状况的影响才能确定。因此，土壤污染从产生污染到出现问题通常会滞后较长的时间。如日本的"痛痛病"经过了10～20年之后才被人们认识。

土壤污染具有累积性。污染物质在大气和水体中，一般都比在土壤中更容易迁移。这使得污染物质在土壤中并不像在大气和水体中那样容易扩散和稀释，因此容易在土壤中不断积累而超标，同时也使土壤污染具有很强

的地域性。

土壤污染具有不可逆转性。重金属对土壤的污染基本上是一个不可逆转的过程，许多有机化学物质的污染也需要较长的时间才能降解。例如被某些重金属污染的土壤可能要100～200年时间才能够恢复。

土壤污染很难治理。如果大气和水体受到污染，切断污染源之后通过稀释作用和自身的净化作用也有可能使污染问题不断逆转，但是积累在污染土壤中的难降解污染物则很难靠稀释作用和自身的净化作用来消除。

土壤污染一旦发生，仅仅依靠切断污染源的方法则往往很难恢复，有时要靠换土、淋洗土壤等方法才能解决问题，其他治理技术可能见效较慢。因此，治理污染土壤通常成本较高、治理周期较长。鉴于土壤污染难于治理，而土壤污染问题的产生又具有明显的隐蔽性和滞后性等特点，因此土壤污染问题一般都不太容易受到重视。

## 土壤污染物 〉

　　土壤污染物可分为3类。一类是病原体，包括肠道致病菌、肠道寄生虫（蛔虫卵）、破伤风杆菌、霉菌和病毒等。它们主要来自人、畜的粪便和垃圾。直接用生活污水灌溉农田，也会使土壤受到病原体的污染。这些病原体能在土壤中生存较长时间，如痢疾杆菌能

气散落物，工业、科研和医疗机构产生的液体或固体放射性废弃物，它们释放出来的放射性物质进入土壤，能在土壤中积累，形成潜在的威胁。由核裂变产生的两个重要的长半衰期放射性元素是锶-90（半衰期为28年）和铯-137（半衰期为30年）。空气中的放射性锶-90可被雨水带入土壤中。因此，土壤中含锶-90的浓度常与当地降雨量成正比。

在土壤中生存22～142天，结核杆菌能生存一年左右，蛔虫卵能生存315～420天，沙门菌能生存35～70天。第二类是有毒化学物质，如镉、铅等重金属以及有机氯农药等。它们主要来自工业生产过程中排放的废水、废气、废渣以及农业上大量施用的农药和化肥。第三类是放射性物质，它们主要来自核爆炸的大

# ● 保护土地，人类共同的行动

土地是人类生存之本，人类的一切物质生产都离不开土地；土地还是人类赖以生存和发展的物质基础和最基本的资源。在人类寻找文明的过程中，经历了多少沧桑，而土地承载了这历史的厚重。土地给人类带来了无限生机，然而她所拥有的资源并不是无穷无尽的，我们在赞颂土地的养育之恩时，更应该做的是对她的珍惜与保护。

## 我国的"土地日" >

　　每年的6月25日是我国的"土地日"。土地资源是一种不可再生的宝贵资源，近年来，伴随着我国城市化进程的不断加快，土地供求矛盾也日益突显。管好、用好每一寸土地，保护耕地红线是我们永远的主题。国外一些国家，有的在耕地保护方面十分出色，有的十分注重节约集约利用土地，有的在矿区复垦中保护和整治国土，这些都对我们有重要的借鉴意义。

## 美国："黑风暴"之后的反思 >

　　1934年5月12日，一场巨大的风暴席卷了美国东部与加拿大西部的辽阔土地。风暴从美国西部土地破坏最严重的干旱地区刮起，狂风卷着黄色的尘土，遮天蔽日，向东部横扫过去，形成一个东西长2400千米、南北宽1500千米、高3.2千米的巨大的移动尘土带，当时空气中含沙量达40吨／立方千米。风暴持续了3天，掠过了美国2/3的大地，3亿多吨土壤被刮走，风过之处，水井、溪

121

流干涸，牛羊死亡，人们背井离乡，一片凄凉。

这次严重的"黑风暴"事件与美国早期"大规模移民开垦，无止境扩大耕地面积"不无关系。经历了"黑风暴"后，美国开始对土地开发政策进行反思，实行对耕地从数量到质量的全面保护政策。1934年，美国国会通过《泰勒放牧法》，限制在公有林地放牧区过度放牧，以免造成水土流失。1935年将土壤侵蚀局划归农业部，并改名为土壤保护局。为了保护生态，美国国会还相继通过了一系列法令，内容涉及建立土壤保持区、农田保护、土地管理政策、土地利用、小流域规划和管理、洪水防治、控制采伐和自由放牧等各个方面，把土地管理和水土保持逐步纳入法制轨道。

充分发挥各方面的积极性，有效保护耕地。除了中央政府外，美国各个州在土地管理和耕地保护上也发挥了重要作用，许多州在联邦法案的基础上，又根据各自的需要分别制定了州一级的土地利用和管理法案。在强调发挥各级土地管理机构积极性的同时，还重视上下级政府间的联系与合作。在水土保持方面，政府各级机构重视发挥民间水土保持组织的作用，两方面相互配合，协调

工作，保证了已颁布的法律能够有效实施，也有助于发动广大农民开展水土保持活动。

全面评价土地资源、合理利用土地。科学地评价土地是合理开发利用和有效保护治理土地资源的基础。在全国性土地普查的基础上，美国科学家创立了具有很高实用价值的土地能力分级标准，用以表示土地适于耕种和限制利用的程度。美国的农场、牧场乃至整个国家，都以土地能力分级作为合理安排或调整土地利用的重要依据，其基本点在于保证土地合理利用的前提下，最大限度地发掘土地的生产潜力。

适时地制定和调整一系列农地保护政策。美国联邦政府、州及地方政府在其城市化发展的不同阶段制定或调整了一系列农地保护政策，使之尽量兼顾到公平与效率，又具有可操作性，常用的政策工具有：区划政策、税收偏好政策和可转移开发权政策等。

创建高效持续农业生产体系，不断提高土地质量。主要措施包括：节约利用资源——实施"耕地储备计划""土壤保持计划""用地与养地结合计划"等，以达到持续利用土地资源的目的。有效保护环境——通过研制推广各种农业措施，大大减少环境污染。广泛使用

良种——研制推广高产、低耗，高净收益优良品种。合理栽培技术——合理地使用多种适用的栽培措施与耕作制度，如"免耕法""少耕法"等。

这些措施对于美国农业持续发展产生了重要作用，同时，也为工业和城市化的发展提供了大量的原材料和销售市场。

## 德国: 严格土地复垦　质量标准 >

　　德国十分重视保护和治理国土资源，各部门、企业把为社会创造好的生产生活环境作为一项重要的工作任务。

　　德国第一部复垦法规是1950年4月25日颁布的《普鲁士采矿法》。此外，既有《废弃地利用条例》专门的立法，又有《土地保护法》《城乡规划条例》《水保护法》《矿山采石场堆放条例》《矿山采石场堆放法规》和《控制污染条例》等相关立法。这些法律法规对土地复垦的程序、内容、操作步骤都进行了详尽的规定，同时规定了矿业主的法律责任，使土地复垦有了法律保障。

　　严格的法律规定保证了稳定的复垦资金。复垦资金一般来源于3种：私有企业由企业自己提供复垦经费，即采矿公司出资先期存入银行作为复垦费用，专款专用；国有企业由国家或地方政府拨给复垦资金；此外，通过地方集资或社会捐赠获取一些资金。对于历史遗留下来的老矿区，联邦政府成立专门的矿山复垦公司承担老矿区的土地复垦工作，复垦资金由政府全额拨款。对于新开发的矿区，根据联邦矿山法的有关规定，矿区业主必须预留复垦专项资金，其数量由复垦的任务量确定，一般占企业年利润的3%。

　　德国中央政府没有专门负责土地复垦的机构，但从地方政府到州市政府都有复垦管理机构。中央政府和州政府只负责制定比较原则的土地利用规划，地方政府特别是社区政府负责具体的土地复垦利用规划的制定和土地复垦工作。地方政府负责土地复垦的机构有环境保护、矿产管理、经济管理部门，各自按照有关的法律规定各负其责，协同管理、共同推动土地复垦。

　　德国土地复垦工作按批准的规划严格组织实施，复垦效果由地方政府、采矿公司和当地群众联合组织验收。复垦后景观完全符合复垦规定的标准，环境质量很高，如复垦为耕地的要种植作物7年并变为熟地后，才予验收。复垦后的土地由采矿公司负责管理并拥有土地所有权和处置权。

　　德国的土地复垦工作依据完备的科学数据来确定复垦标准，公众也具有良好的环境教育和环境保护的意识，因此复垦的科技含量高。《矿山法》对开发和复垦也提出了严格的环保要求和质量标准，如必须对因开矿所占用的森林、草地进行异地等面积的恢复；对露天开挖出来的表土层和深土层要分类堆放以便按原土层复垦，并确保复垦后能迅速恢复地力。德国还将房地产开发及各项建设工程开挖的表土收集起来用作复垦区的表土。由于采取了这些措施，已复垦的耕地、草地、森林和人工水面错落有致，面貌焕然一新。

125

## 以色列: 住宅开发尽量不占耕地 〉

以色列自1948年建国以来人口猛增，2009年人口已超过700万，其中农业人口只占全国人口的3%，但农产品出口值却超过10亿美元。为了有效保护耕地，以色列从20世纪80年代开始实施一项计划，在荒山上大兴土木，成片开发配套设施齐全的住宅小区，尽量不占用宝贵的耕地。此外，以色列注重科技研发投入，因地制宜地优化农作物品种，使得一些原本不适合农作物生长的土地也成为可耕地。因此，在人口不断膨胀的压力下，以色列全国耕地面积自建国以来并没有明显减少。

实用的规划是保护耕地的有效手段。政府在规划城镇发展时，不仅要考虑水电等资源分配，还要考虑如何保护耕地。随着机械化程度不断提高，以色列农村地区也出现了人多地少的现象。为此，以色列政府从3个方面入手解决这个问题。一是向农村地区提供补贴，以保证农民生活达到国民平均生活水平，从而避免农村富余人员大量进入城市；二是扶持农村地区发展企业，甚至是高科技企业；三是加强教育，缩小城乡差距。

保护耕地也有赖于有效的管理监督机制。在以色列，农业生产主要集中在3种形式的定居地，它们都是在20世纪最初20年中发展起来的。这3种形式分别是所有成员共享生产资料及劳动成果的集体农场（基布兹）、独立的家庭农场组成的农业生产合作社（莫沙夫）以及由个体农民组成的生产集团（莫沙瓦）。这3种形式的定居地集中了以色列99%的农业用地，为全国提供80%以上的农产品。随着社会的发展，很多集体农场已经私有化。现在，以色列200多个集体农场已经有2/3进行私有化改革。

以色列政府还规定，包括兴建住宅在内的所有跟土地有关的开发计划都要经过国家土地管理局审批，以避免滥用耕地。

# 新加坡：用地计划一年一审 〉

新加坡国土面积小，人口密度大，是一个典型的人多地少、寸土寸金的城市型国家。严重缺乏土地资源的国情决定其必须充分利用土地，提高土地利用的效率。

政府通过填海工程，扩大土地面积。新加坡自1960年起，为满足人口增长和经济发展的需要，在沿海展开了填海计划。2002年，新加坡又在柔佛海峡的德光岛等地进行了大规模的填海工程。在过去的40多年时间里，新加坡通过填海造地使其领土面积增加了100多平方千米。

制订和修改宏观计划，确保计划符合实际。新加坡制订了一个理念性的宏观计划，并且预测其未来40～50年的土地需求。这个计划会每年进行一次审查，来确保计划符合实际。新加坡政府根据房地产业和经济景气状况，修改土地的出租和出售计划。2010年5月，新加坡国家发展部宣布，2010年下半年政府土地出让计划确认名单上将列入18块新的用地。这18块用地总共可建8135套住宅，这是自2001年下半年政府采用该系统以来确认名单上可建住宅套数最多的一次。政府还在下半年土地储备名单上额外添加了13块用地，这部分土地可建住宅5770套。新加坡政府称，额外添加的用地将在私人住房需求以及私人住宅开发需求强劲的情况下提供。

推行组屋政策，提高土地利用效率。为了合理利用土地，新加坡不仅有宏观的计划，更注重微观的措施。例如推行组屋政策，有效地改善了居民的居住条件，提高了土地利用效率。所谓组屋政策，是指由新加坡前总理李光耀在1960年提出的"居者有其屋"计划，旨在"为所有新加坡人提供策划周详的组屋"。经过几十年的发展，组屋政策取得了巨大成功。新加坡建屋发展局将新建的组屋向高层发展，还建造了"摩天组屋"，这种向空中发展兴建更高楼层的做法，不仅符合长期经济效益和需求的正确方向，而且也是城市集约利用土地的新举措。

**图书在版编目(CIP)数据**

大地的表情/魏星编著 . —北京:现代出版社,
2016.7

ISBN 978 - 7 - 5143 - 5211 - 5

Ⅰ.①大… Ⅱ.①魏… Ⅲ.①土地问题－经济史－世
界－通俗读物 Ⅳ.①F311 - 49

中国版本图书馆 CIP 数据核字(2016)第 160854 号

## 大地的表情

| | | |
|---|---|---|
| 作　　者 | 魏　星 | |
| 责任编辑 | 王敬一 | |
| 出版发行 | 现代出版社 | |
| 地　　址 | 北京市安定门外安华里 504 号 | |
| 邮政编码 | 100011 | |
| 电　　话 | (010)64267325 | |
| 传　　真 | (010)64245264 | |
| 电子邮箱 | xiandai@ cnpitc. com. cn | |
| 网　　址 | www. 1980xd. com | |
| 印　　刷 | 汇昌印刷(天津)有限公司 | |
| 开　　本 | 710 × 1000　1/16 | |
| 印　　张 | 8 | |
| 版　　次 | 2016 年 7 月第 1 版　2020 年 1 月第 3 次印刷 | |
| 书　　号 | ISBN 978 - 7 - 5143 - 5211 - 5 | |
| 定　　价 | 29. 80 元 | |